人·间·生·死·书

Life Lessons

[美] 伊丽莎白 · 库伯勒 · 罗斯　大卫 · 凯思乐　著
徐黄兆　译

湖南人民出版社

图书在版编目（CIP）数据

人间生死书 / （美）伊丽莎白·库伯勒·罗斯，（美）大卫·凯思乐著；徐黄兆译. —长沙：湖南人民出版社，2020. 9（2021.3）
ISBN 978-7-5561-2403-9

I. ①人… II. ①伊… ②大… ③徐… III. ①生命哲学②死亡哲学 IV. ①B083②B086

中国版本图书馆CIP数据核字（2020）第070849号

RENJIAN SHENGSI SHU

人间生死书

著　　者 [美] 伊丽莎白·库伯勒·罗斯，大卫·凯思乐
译　　者 徐黄兆
出版统筹 陈　实
产品经理 张玉洁
责任编辑 李思远　田 野
封面设计 刘　哲
责任校对 郭　平

出版发行 湖南人民出版社有限责任公司 [http://www.hnppp.com]
地　　址 长沙市营盘东路3号，410005
0731-82683311

印　　刷 长沙市雅高彩印有限公司
版　　次 2020年9月第1版
2021年3月第4次印刷
开　　本 880mm×1230mm 1/32
印　　张 9.5
字　　数 120千字
书　　号 ISBN 978-7-5561-2403-9
定　　价 58.00元

营销电话：0731-82221529（如发现印装质量问题请与出版社调换）

献给我第一个外孙女西尔维娅·安娜，

感谢我的女儿芭芭拉，

是她将这个天使带到了人间。

——伊丽莎白

献给我的儿子，理查德和戴维。

——大卫

致谢

感谢约瑟夫，没有他，我的这本书根本写不出来；感谢安娜，是她分担了我的很多家务，让我能安心待在家里而不是去疗养院；还有我的孩子们，芭芭拉和肯尼思，谢谢你们伴我一路走来。

——伊丽莎白

首先，我要深深地感谢伊丽莎白，谢谢你给了我共同创作的机会，你的聪慧、真诚和友爱让我终身受益；感谢作家与艺术家出版社的阿尔·罗曼先生对这本著作重要性的信任，你的指导、支持和友善是我生命中最好的馈赠。

感谢西蒙舒斯特出版社的卡罗琳·萨顿，感谢你的真知灼见、关怀备至和技艺高超的编辑工作；还要感谢伊莱恩·夏森哲学博士，B.G.迪尔沃斯，巴里·福克斯，琳达·休伊特，克里斯托夫·兰登，玛丽安·威廉姆森，夏洛特·巴顿，贝瑞·佩金斯，特利·里特尔，杰伊·泰勒，詹姆斯·索莫斯医学博士，斯蒂夫·乌里韦和M.F.T.，你们每个人都以自己特殊的方式对这本书做出了贡献。

——大卫

目 录

来自
伊丽莎白的
独白

人活一世，总有很多事情要经历，在做垂死挣扎时，这一点表现得尤为明显。虽然将死之人在生命的终点感触良多，但为时已晚。1995年，在搬到亚利桑那沙漠以后，我在母亲节那天突遭中风，全身不遂，之后几年，我一直徘徊在死亡的边缘。在那段时间里，有时候我觉得死神会在几个星期内就将我拖走，但在我准备坦然相迎之时，它却在我的失望之中悄悄溜走。但最终我并没有屈服于死亡，因为我知道自己一直在领悟生命的真谛，这是我人生中最后的课程。这些课程是关于人生的终极真理，它们暗含生命自身的秘密。于是，我想再写一本书，与垂死和死亡无关，只关乎生命和生活。

其实，我们每个人的灵魂之中都有两股势力在相互交锋，一方圣洁如甘地，另一方则邪恶似希特勒。甘地象征着灵魂中善良和慈悲的部分，而希特勒则代表消极和狭隘的丑恶灵魂。人的一生是与狭隘对抗，力求摆脱消极并发现芸芸众生真善美的一生，这些经历仿佛是人生之中的险恶风暴，但同时也正是这些历险让我们成了一个健全的人，我们会彼此疗伤，不仅让身体获得康复，而且使更深处的灵魂得到抚慰。

当说到人生历练时，我们不可避免地要触及那些未竟的目标，这里说的目标不是指死亡，而是指生活。它涉及人生中最为重要的议题，为什么很多人都在哀叹："没错，我过得是很好，但为什么我总是抽不出时间真正活一把呢？"其实答案很简单，因为他们只是在生存，生存并不等同于真正的生活。不仅如此，为了隐藏这种无谓的生活目标，很多人无端付出了大把的精力。

于是，当面对死亡时，这些未竟的目标成了人一生中要面临的最大问题。大多数人在去世时，都有一些或一堆未了的心愿。虽然生命中要经历的太多太多，一个人穷尽一生也难以完全掌握，但学得越多，目标就完成得越多，人活得也就越彻底越实在。只有这样，当最后魂归天国时，我们才可以这般如实告知上帝，"我活过了，真正地活过！"

来自
大卫的
独白

我曾花了很多时间与那些挣扎在生死边缘的人待在一起，这项工作不仅令人充实，而且能使生命延续。对我个人来说，无论是心理上、情感上还是精神上的成熟都可以追溯到这种临终关怀式的工作性质。虽然我要衷心感谢这些曾与我共事孜孜不倦教诲我的人，但事实上，我的心路历程并不是以他们为起点的。多年以前，母亲的去世曾让我走上了不一样的人生之路，现如今，随着至亲爱人的陆续离开，我依然在这条路上摸索着。

在过去的几年中，我一直准备和我的良师益友伊丽莎白说再见。我与她相识多年，很多的人生感悟都是她教授给我的。在无私传授了这么多关于死亡的真谛之后，她自己却要面对死亡。但即便如此，她还是同我分享了她的感受和对生命的看法。虽然大部分时间处于愤怒之中，但她也从不掩饰。

其时，她正在完成自己的最后一本书《生命轮回》，而我也在创作我的第一本书《临终的需求》。那段日子对伊丽莎白来说，真是很艰难，但她却一如既往地帮助我，就书籍的出版、我的病人以及生命本身提出了很多宝贵的建议。

无数次，我挣扎着离开了她的家，虽然嘴上说着再见，心里却想着搞不好我们就再也见不到彼此了，我总是含着泪离开。生命中至关重要之人的离去总是让人无法承受，但伊丽莎白说自己已经准备好了。也许是天意难违，她竟然没有离我而去，而是慢慢地康复了。生命不会弃她而去的。

在那些逝去的日子里，男男女女聚在一起，年长者会向孩子和青年们讲述生命的故事。在那些故事里，挣扎在生死边缘的生命会抗争会学习。有时候，巨大的伤痛才是最好的老师，这些经历对于垂死者和生者都同样重要，而且它还可以被传承。这正是我所希望去做的，将自己领悟的心路历程传播出去，让逝者逝去，生者永生。

人生这趟漫长却又偶尔奇特的旅程总是充满了无限风光，但我们多半只能看到自己。什么是真正的自我？什么才是最重要的？从人生的巅峰和低谷中，我们不断学习，不断认识爱和关系的本质。我们渐渐知道，勇气会平复愤怒、泪水和恐惧。待揭开所有生命的奥秘时，我们便能随心所欲地改造生活，发现幸福。生活无须完美，也不用像小说般奇妙，只有真实的生活才能让我们的心灵充满意义。

我曾有幸在特蕾莎修女去世前与她共度了几个月的时光。特蕾莎修女告诉我，她最重要的工作就是与那些临终的人待在一起，因为在她的心目中，生命是如此珍贵。“生命是一种成就，”她说，“临死只不过是成就终结。”我们中的大多数人不但不将死亡视为一种成就，而且也同样忽视了生命——但实际上，它们都是极大的成就。

濒死是教授心灵历程的好老师，只有当我们被推到生命的尽头时，才能最清楚地看透它。通过分享，濒死教会我们认识生命本身的珍贵。通过分享，我们才得以发现生命最精华的部分，它胜过我们所有的人生经历，它给予我们能力，使我们成为能够成为的人。从此以后，我们不只是活着，而且深切地感受着生命。

致读者的话

在伊丽莎白·库伯勒·罗斯和大卫·凯思乐的亲密合作之下，本书才得以付梓。

书中的病例和个人经历皆取自他们的授课、研讨会以及与病人和病人家属之间的讨论，有些来自大卫，有些则来自伊丽莎白，还有些是二人共同参与的。

为便于区分，我们通篇以第一人称叙事，而在叙述具体案例和个人经历时，则会将伊丽莎白和大卫区分开来。

01

真　实

发现真实的自我，
看见真实的他人。

四十岁刚出头的斯蒂芬妮在一次演讲中讲述了她自己的亲身经历：

“几年前的一个周五下午，我从洛杉矶开车去棕榈泉。由于交通的缘故，这个时段选择走洛杉矶高速公路并不是特别合适，但我急着赶去参加朋友的周末放松聚会，所以也管不了那么多了。”

“在洛杉矶市郊，由于拥堵，在我前面的车流速度慢了下来，于是我也随着汽车长龙把车停在最后。突然，我从后视镜里看到后面那辆车并没有停下来，而是以极快的速度径直朝我冲了过来。我意识到那位开车的司机肯定开小差了，这么快的速度，前面又有车堵着，我肯定会连人带车被撞得很惨。在那一瞬间，我觉得自己必死无疑。”

“我看见自己的双手紧紧握住了方向盘，我知道自己并不是有意识那样做的，这只是我平时状态的流露——我就是这样生活的。一刹那，我下定了决心，我明白这不是我想要的生活方式，我也不想就这样死去。于是我闭上双眼，深吸了一口气，撒开了双手——就这样吧，生活，死亡，我投降了。接着，我的车就被一股巨大的力量撞上了。”

“等周围安静了下来，我睁开了眼睛，发现自己没事。前面那辆车已经彻底报废，后面撞过来的车也惨不忍睹，我自己的车则已经被压扁了。”

“后来警察告诉我，幸亏被撞前我放松了下来，因为如果肌肉一直紧张会增加严重受伤的可能性。等离开现场的时候，我才觉得自己被幸运之神眷顾了，不光是毫发无伤地躲过了一劫，上天赐予我的还有很多。我终于看清了自己以前的生活状态，那种攥紧拳头将生活死死握在手中的状态。上天给了我改变的机会，其实我可以自由地张开双手，让生活如同一片轻羽般停在掌心；面对死亡时，不要被恐惧扼住，放松下来，才能真正拥抱生活。那一刻，我感到同真正的自我之间，有了一种前所未有的亲密感。”

跟斯蒂芬妮一样，很多人只有处在生命的危急关头，才能醒悟过来——他们看透的不是死亡，而是生命和生活。

在每个人的内心深处，都隐藏了一个最真实的自我，当慢慢靠拢它时，我们能感觉得到，反之亦然。如果感觉不对了，自我便也渐行渐远了。

不管有意还是无意，我们每个人都在寻求着生活的答案，渴望生命给予我们启迪。我们同恐惧和罪恶不停抗争，不断寻求真理、真爱和力量；同时，我们也试图去理解恐惧、失败和时间，挣扎着追问自我，期望获得真正的幸福。有时候，我们会从爱人的脸上，从宗教中，从上帝那，或者从某些奇怪的藏匿之所，寻找这些东西；但更多的时候，我们是从金钱、地位、“完美”的工作或其他地方获取这些慰藉。到头来才发现，苦苦追寻这些让人心碎的东西其实毫无意义。没有深入思考，再加上误入歧途，到头来不可避免地一无所获。感觉空虚时，又会固执地相信人生本无多大意义，真爱和幸福不过是简单的幻象罢了。

有一些人通过学习、思考或创作来寻求答案；而另一些人则在直面不幸甚至死亡，如被告知罹患癌症或目睹所爱之人于灾难之中挣扎求生时，才能寻得所求。

当生命岌岌可危时，崭新的生活就在前方。看透不幸，直视死亡，彻底投降，从中体味到生命的真谛时，你对生命的看法才会改变。只有在绝望中，才能摆正自己余下的生命历程。当然，你体味到的可能不光是甘美，也会有苦涩，但生命却也因此而丰富多彩了起来。干吗要等到生命终结那天方才如梦初醒呢？当下便是开始改变的大好时机。

生命究竟有什么值得我们学习的？在面对生与死的考验中，大部分人经历的挣扎都是相同的：恐惧、罪恶、愤怒、宽恕、屈服、岁月、忍耐、真爱、友谊、玩乐、失落、力量、真实和幸福。

生命的学习过程有点类似于渐近成熟。你不可能突然间就会更幸福、更富裕或更强大起来，但你会更深入地了解你周围的世界，从而更自在地和自己相处。生命的学习并不在于要使你的生命趋于完美，而是要还生命以本来面目。“我现在因生命的缺憾而感到快乐”是多么美妙的顿悟啊！

人自诞生之初，便要经历生命的学习。但没有人能事先告知你的经历；探寻这些经历亦是你生命旅程的一部分。在奋力挣扎之下，我们收获的可能会很多，也可能屈指可数，但能应付多少就是多少，无法奢求。那些需要了解爱之真谛的人也许会经历多次婚姻，或者根本就不会结婚；而那些苦苦探索生财之道的人有可能一贫如洗，也可能钱多得数不过来。

本书将引领我们审视生命和生活，探索如何从生命的外延看待它。通过探寻彼此间的联系、爱的成长方式以及亲情是如何使我们充实的，我们将会明白自己其实并不孤独。同时我们也会满怀希望地抛弃懦弱，重新认识到自己不仅拥有力量，而且是拥有整个宇宙的力量。在幻象，在幸福，在自我为什么成为自我的宏大命题背后，直逼真实，取吾所需，耀之吾生。

在面对亲人的离去时，很多人终于意识到：爱才是一切。爱是我们唯一能掌握并相伴左右的事物。当意识到这些时，他们会不再追求“远在天边”的虚妄幸福，转而尽最大可能地，在自身已经拥有的事物中追求满足和真义。简单说来，过去那道阻隔他们充分体验人生的心墙终于倒下，他们已不再为明天而活，不会傻傻等待着升职加薪或假期。相反他们会在每一个寻常的今天中寻得完满，因为他们已经学会了如何聆听自我的心声。

生命传授给我们经验，并利用普世的真理教会我们掌握关于爱、恐惧、时光、力量、幸福、亲情和真实的基本事实。当我们了解到生命的复杂性时，我们会很快乐；而当错失其潜在的简单性时，我们又后悔不迭。其实，生命中真正的挑战来自如何在这些经历中找到纯粹的意义。很多人以为父母与社会教给我们什么是爱，但实质上并不是完满的爱，它只是在恐惧、期望和不安全感遮蔽之下爱的影子罢了。所以即使与伴侣共同行走在天地间，我们仍会感到孤独、无助和惶惶不安。

当直面任何情形下最糟糕的局面时，我们会因此而成长起来；当周遭环境已经坏到不能再坏时，我们会发掘出最好的自我；在发现这些教益中的真谛时，我们也会找到快乐并充满意义的生活。不算完美，但尤为真实，生命有了尺度。

经历这一切的到底是谁？而我又是谁？也许这才是最首要、最难以回答的问题。

在我们的一生中，我们会无数次问自己这些问题。生死之间的人生体验被称为生命，这是确切的事实，但自我到底是指什么呢？是指体验还是体验者？是指身体吗？是指人生中所犯的错误还是病痛的经历？是指母亲、银行家、职员或运动迷的身份吗？自我是教化下的产物吗？自我会改变吗？或者自我就是自我，自我的剧本其实早已被现实拟好了？

这些都跟自我无关。每个人毫无疑问都会犯错，但犯错时的你并不是真正的你；你也许会生病，但那个诊断出来成为病人的你与真正的你同样无关；你也许会富有，但你的自我与那些所谓的信用等级一点关联也没有；所以，自我与你的履历，你的邻里，你的等级，你的错误，你的身体，你的角色或称谓通通无关。所有的这些都不关乎自我，因为它们都是易变的。自我中的一部分是无法定义和固定不变的，这部分自我不会因年龄、疾病或环境而迷失或改变。有一种自我是与生俱来、生死相伴的，是奇妙的独一无二的你。

从那些与病魔做斗争的人们身上，我们终于明白，要想看透自我，我们必须摆脱身上那些非真实的部分。在那些挣扎在生死边缘的人身上，我们看不到我们从前所关注的缺陷、错误或疾病。我们眼里只有一个活生生的人，因为到了生命之光即将熄灭之际，他们变得更真实，更坦率，也更“自我”了——如同孩子和婴儿般的“自我”。

亲爱的读者们，也许你们会问：是不是只有在生命开始之初和弥留之际才能看透自我呢？只有极端情境才能揭示普遍的真理吗？在大多数情况下我们都会对最真实的自我视而不见吗？其实这便是生命中的关键历程：找出真实的自我，发现别人身上最本真的部分。

文艺复兴时期，当伟大的艺术家米开朗琪罗被问及是如何创作出“庇特厄斯”或“大卫”这样著名的雕塑时，他回答说，艺术家只需想象所要构思的形象已经存在于未加工的大理石中，雕刻的工作只是将多余的石头剥去，让原本的形象暴露出来而已。所有非凡的雕塑，亘古以来一直存在着，只是等待着显露于世人面前。同样，每个人的内在都存在着一个等待展现的伟大自我。伟大的种子根植于所有人的内心深处。“伟大”的个体并不拥有其他人所不具备的特殊品质；

他们只是简单地移走了阻碍自身发展的许多束缚而已。

不幸的是，我们与生俱来的天赋却常常被表象和自身承担的角色隐藏起来。这些角色，例如父母，工人，团队支柱，玩世不恭者，教练，旁观者，啦啦队长，好人，叛徒……都会成为埋藏真实自我的“岩石”。

有时候，某些角色是被强加在我们身上的：“我希望你能努力学习，长大好当个医生。”“要有淑女样。”“在这家公司里，如果想升迁，你必须又高效又勤奋。”

还有些时候，是我们自己热切地想担当某些角色，因为它们看起来有益且实用：“妈妈总是这样干，因此这大概是个不错的主意。”“所有的童子军团长不但人格高尚而且富有牺牲精神，我也要向他们看齐。”“在学校里我一个朋友也没有，受欢迎的孩子都是冲浪高手，我也要做个冲浪高手。”

再有些时候，当环境改变或变糟时，我们会有意无意地采纳某些新角色。举例来说，夫妻俩可能会说，“结婚以前生活总是很精彩。结婚以后，有些事情就不对劲了。”因为在他们结婚以前，自我就是自我，但从结婚那一刻起，他们就担负了各自应有的角色，试着“做个丈夫”或“做个妻子”。在某些潜意识的层面，他们“知道”一个丈夫或妻子应该是怎样的，并试图照着去做，这些想法却不是出自他们的本意或深思熟虑后的结论。或者，就像某位男士所解释的那样，“我曾是一位非常棒的叔叔，但现在我却对自己的角色感到很失望”。作为叔叔的他，从心底愿意和孩子们打成一片；在成为父亲后，他感觉自己要承担某种特殊的角色，但正是这种自以为是的角色阻碍了他表现真正的自我。

伊丽莎白

发现真正的自我并不是一件容易的事情。正如你们所知的那样，我是三胞胎之中的一个。在当时，三胞胎们都会被打扮得很相似，玩具是一样的，有活动也是一起参加，诸如此类。人们甚至觉得你不是作为一个个体存在，你是一套合体中的一部分。但是我很快明白，不管我们三个人在学校里表现多么出色，我们拿到的都是 C。也许我们其中的某个人会得 A，另一个人会得 F，但因为老师分不清楚我们三个，所以全部给 C 是最保险的。有时候我虽然坐在爸爸的膝盖上，但我知道他分不清楚我到底是哪个女儿。你能想象身份对你的意义吗？现在我们终于明白，识别出个体，识别出我们彼此之间的不同点是多么重要。随着现在多胞胎越来越普遍，他们的父母已经渐渐意识到不应该将孩子们装扮得一模一样，教育方式也不应该如出一辙。

三胞胎身份的经历让我开始寻找什么是真我。我一直试着做自己，即便在某些时候做自己并不是大势所趋。不管出于什么理由，我都不愿意被别人当成是自欺欺人之人。

在我这一生中，因为我一直学着去做真正的自己，因此我渐渐发展出一种技能，即识别出那些拥有真实自我的人来。用我的话来说，这叫“嗅探”某人。这里并不是说用你的鼻子去闻，而是指用你所有的理性去感知别人是否真实。当我遇见别人时，我就会施展这套“嗅探”绝技，如果感觉对方是真实的，我就会暗示他们靠近；反之，则让他们离开。如果同那些垂危之人多打打交道，你也会渐渐发展出察觉真实的敏锐“嗅觉”。

我偶尔也会遇见伪装不明显的情况；有些时候这种伪装隐藏得颇深。例如，为了让自己看起来像个“好人”，有些人经常会开车载我去演讲的地方，然后将我连同轮椅推上讲台。但等演讲结束之后，我经常无法顺利回家。我意识到在这种情形下，我只不过是他们用作自我膨胀的道具罢了。如果他们是真正善良的人，而且并不是仅仅为了承担某种角色，我相信他们一定会在散会后确认一下我是否能够自己回家。

* * *

人在一生之中会扮演很多不同的角色。虽然我们已经学会如何去转换角色，但却不知道如何去回顾它们。我们所承担的很多角色，诸如配偶、父母、老板、好人、叛徒等，未必是坏事。相反，它们可以提供一些有用的范式，用以在不熟悉的情形下进行比照。我们的任务就是要去找到并区分这些对我们有用或无用的部分。这有点像剥洋葱，剥开一层又一层，难免令人泪流不止。

举例来说，认识自身的消极面并加以去除就可能是一个痛苦的过程。每个人的身上都包含有一些潜力因子，这些因子既能让你成为甘地，也能让你成为希特勒。也许大多数人都不希望成为希特勒，甚至不想让别人提及自己身上这些恶的因子。但这些消极面或消极趋势却是的确存在的，它们不会因为不提起就不存在。相反，否定它们是最危险的处理方式。某些人一味地否定自身暗含的黑暗面，坚持认为自己与强烈的消极思想或行为是绝缘的。但殊不知，这些行为只会引来别人更多关注。承认自己的消极面才是最积极的方式，一旦承认以后，我们就可以设法解决或释放它们。当经历无常世事时，我们常常会揭开所肩负角色的表象，深入探究是什么让我们不开心。这种举动并不意味着我们的本质是坏的，它只是表明我们还有自己没意识到的层面。当你发觉自己不是一个超级好人时，那么摆脱这种妄想，做你自己才是最好的选择，因为每时每刻都做一个完美无缺的好人，这种想法本身就是一种自欺欺人。就像钟摆在回归中线之前会左右摆荡多次一样，你在察觉自己真实的本性之前，也会经历多次挣扎——想做一个好人，你究竟是出于同情还是想付出后获得回报呢？

有些心理防卫机制是早年为了生存而养成的，长大后则可能必须断然抛开，才不致遭到反噬。例如，某位女性朋友在童年时就知道离酒鬼父亲远点：当局面变得不可收拾时，逃离是最好的办法。当父亲醉酒后咆哮时，逃避成了六岁小女孩手中掌握的唯一工具，这有助于克服童年生活的艰难。但现在她已经成了一位母亲，这样的回避对孩子们的成长是极为不利的。不再适用的工具必须被扔掉，即便我们心存感激，但该放手时还得放手。有时候，面对生命中的缺失部分，除了哀悼别无他法，那位母亲必然会因为缺少一个正常童年而感到伤心。

有时候，不同的角色会让我们还要承担许多。随着年龄的增长，我们常常意识到承担角色意味着会付出代价，在某一特定阶段，代价会大到无法承受之重。很多人在进入中年以后才会意识到他们已经成为家庭中“永恒的守护者和调解者”。当明白这一点时，他们会自欺欺人地断定自己好得很，但事实上这种角色已经让他们不堪重负。在没有深思熟虑之下，他们一肩担负了让父母和兄弟姐妹永远幸福的责任，他们解决所有的争端,借钱给每一个人,帮助他们找工作。然而，在某一时刻，你也许会醒悟过来，觉得那种肩负重任的角色不是你必须充当的角色，因此你不再总是坚持，索性放弃这种角色。从此以后，你还是一个好人，而且再也不会感到确保其他所有人都幸福是你责无旁贷的重任了。

现实世界总有些关系无法厘清，失和和失望本就是常态。如果你认为有责任解决所有问题的话，你会在付出惨痛代价后明白原来这是一件不可能完成的任务。

你会对新的自我做何反应?

* 你也许会意识到这种角色烦琐而又无趣：“现在不用操心所有人的幸福，感觉太好了。”

* 你也许会意识到自己是在欺骗别人：“我在操纵所有人，让他们过得更好的同时，也让他们更欣赏我。”

* 你也许会意识到自己实际上就是有人缘。

* 你也许会意识到自己的行为来自恐惧：恐惧做得不够

好，恐惧死后无法进入天堂，恐惧自己不被别人喜爱。

* 你也许会意识到自己正在利用这种角色去获取战利品：“我一直以为我已经变成了所有人都喜爱和钦佩的对象，没想到我还是和普通人一样。”

* 你也许会意识到对其他人来说，其实遇上麻烦并不是什么坏事，因为这意味着他们正摸索在寻找自我的路上。

* 你也许会意识到你在弱化别人以使自己感觉强大。

* 你也许会意识到通过把注意力集中在别人人格中“不完整”的部分，可以忽视自己身上的问题。

犯罪的事情也许我们不会干，但我们还是要同个性中的黑暗部分做斗争。黑暗和光明的部分都是一目了然的，但那些灰色的部分则是我们经常隐藏和否认的：不会说“不”、孤僻、不会保护自己、过度牺牲奉献。这些都是阴暗自我中的灰色部分，如果不予承认，就无法解决这些深层次的问题。如果我们敢于暴露所有的感觉，完整的自我就会来临。

不必为角色的损失而哀叹，因为当获得了更真实的自我之后，你会活得更滋润。自我是永垂不朽的，过去不会变，将来也不会变。

不管伟大还是渺小，自我不仅仅由环境决定，虽然我们常常用环境来定义自我。如果某天天气不错，股市大涨，汽车崭新发亮，孩子考了个好分数，再加上还有一顿上好的晚宴，我们就会感觉像个伟人一般；而反之，则觉得自己不名一文。我们随着周遭可控和非可控的事情变化而随波逐流，但自我却稳固得多，因为它不是由外界或我们的角色来定义的，这些都是不会给我们带来任何好处的幻象和迷思。只有移开环境和形势的重压，才能显现伟大的人格。只有驱走所有身份的幻象去发现真实的自我，才会达到伟大的境界。

我们常常仰仗别人的脸色去定义自己。如果别人情绪不佳，我们便会觉得挫败；如果别人挑出错误，我们便会寻求自卫。但这对自我并不适用，因为自我是超脱于攻击和防卫之外的。无论是富有还是贫穷，年长或者年少，是否拿过奥运金牌，正在开始或结束一段恋情，自我总是整体的、完全的、无价的；不管是处于生命的起始抑或终点，名望的巅峰还是绝望的低谷，我们总拥有一个与环境无关的自我。你就是你，不关乎生老病死，所作所为。生命自在天成，无须刻意为之。

大卫

我曾问过一位弥留之际的女性朋友这样一个问题：你现

在是“谁”？她的回答是：“我原先觉得所有我承担过的角色都如此普通，我觉得我的生活与所有其他人没什么两样。我问自己，到底怎样才能活得与众不同？

“在我生病期间，我慢慢获得了启发，我开始意识到我就是一个与众不同的人。不管是过去还是将来，都从来没有人以我曾经历的方式观察或体验过这个世界，从时间开始，到时间结束，我都是独一无二的。”

这番话对每个人都是适用的，包括你我。没有人以你曾经历的方式体验过这个世界，发生在你身上的历史和事件都是为你所独有的。自我拥有超越人的领悟力之外的真实性。但即便如此，我建议还是在发现真实的自我之后，再来开始庆祝你所拥有的独特性吧。

* * *

当意识到无法定义自我时，很多人都被逼到了濒临崩溃的境地；第一次尝试寻找自我的确是件让人气馁的艰难任务。很多人都只知道在别人心目中自己是怎样的形象，但相比之下，他们对如何正视自己心目中的自我一无所知。

很多人是在经受不治之症的打击之后，才第一次尝试去厘清自我。“垂死的到底是谁”这个问题通常会让我们明白：

自我的一部分是不会随死亡逝去的，它会一直存在，直到永远。当我们开始卧床不起，什么银行家、旅行者、医生或教练的身份通通不在时，我们必须问自己这样一个异常重要的问题：“如果这些身份与我无关，那我是谁呢？”如果你已经不再是办公室里的好人，侄子眼中的好叔叔，邻居眼里的好帮手，那你到底是谁呢？

要以自己的个人体验为主导，发现自我并忠实于自我，知晓何该为何该不为。从工作到吃穿住行，我们要尽一切可能为自己带来欢愉和平静。如果我们的行事准则是为了让自己被别人认可，那我们的自我则变得一文不值。令人惊讶的是，很多人认为我们能活成什么样，主要是看我们应该做什么，而不是想去做什么。

间或，你还可以顺从平素被压抑的欲望，试着去干一些“出格”或不一样的事情，从中你也许会体味到关于自我的真谛；或者问问自己如果不在别人的注目之下，你将如何行事？如果不计后果地恣意而为，你将会怎样？回答了这些问题则意味着你揭开了笼罩在自我上的层层面纱，至少让你明白了到底是什么挡住了你的去路。你的答案也许指向自我中的负面思想，或需要逾越的难关，但在经历了这一切后，你将发掘出自己的本质。

倘若你觉得自己想去偷窃，那原因可能是害怕自己得到的不够多。

倘若你觉得自己想撒谎，那原因可能是说实话让你没有安全感。

倘若你觉得自己会爱上现在你并不喜欢的人，那原因可能是你对爱感到恐惧。

大卫

放假时我通常也很忙碌，早上很早就起，手忙脚乱地想把所有能干的事情一天干完，晚上很晚才筋疲力尽地回到下榻的旅馆，这就是我以前的生活状态。但最后，我终于意识到，这样忙忙碌碌、充满压力的生活，即便度假也享受不到任何乐趣。于是我问自己，如果不在别人的注目之下，你会如何行事呢？答案其实很简单：晚睡晚起，悠闲地到处逛逛，每天躺在走廊或沙滩上至少花一个钟头读一本好书，或者什么也不干。那种试图将“所有风景尽收眼底”的狂热旅行家角色与我是绝缘的。我只是误以为休假时应该这样做，但当我意识到，带着舒缓的心情去游览不仅让假期变得更充满乐趣，就连阅历也多了起来时，我变得更开心了。

如果你的父母、朋友、老板和老师都不在左右时，你会如何行事呢？你如何去定义你的自我呢？只有去伪存真以后，你才能到达真正的自我。

* * *

蒂姆在六十岁的时候得了心脏病，身为父亲的他独自抚养大了三个女儿，在女儿们的眼里，蒂姆是世上少有的慈父。在得了心脏病以后，蒂姆对自己的生活做了回顾。“我意识到不光是我的动脉硬化了，”他解释说，“我整个人都‘硬化’了。我妻子过世已经是很多年前的事情了，那时候我就想我需要坚强起来，我也希望我的女儿们坚强起来，因此我对她们很严厉。现在任务终于结束了，我都六十岁了，时日已经无多，我不想再对任何人板着一张脸。我希望孩子们知道其实她们有一个非常爱她们的父亲。”

在病房里，蒂姆向女儿们道出了他爱的心声。其实她们心里早就知道父亲很爱她们，但是当躺在病床上的慈父亲口道出这些时，泪水还是打湿了每个人的脸颊。当蒂姆放下了自己认为本该承担的父亲形象后，他终于如释重负地做回了真正的自己。

并非所有人都能拥有爱因斯坦的天才或成为迈克尔·乔

丹那样的伟大明星，但“剥离冗余”可以使我们凭借自己的天赋，让人生以其他的方式辉煌起来。

真我不但是爱的最纯净状态，同时也是最完美最伟大的境界。真我能治愈你的伤痛，让你记起内心深处的自己，它是黑暗之中的一盏指路明灯。

寻找自我是每个人必须完成的工作和必须学习的经历。当内在和外在融为一体时，我们就无须隐藏、恐惧或戒备了，我们应该将自我视为超越于外物的灵性个体。

大卫

不久前的某个晚上，我在临终关怀医院与一位身患肌萎缩侧索硬化（ALS）的男子有过这样的一番对话。“对于你来说，患病这段经历中什么是最难熬的，”我问道，“是住院治疗还是疾病本身？”

“都不是，”他回答说，“其实最艰难的经历是每个人都用老眼光看我。不管我的身体发生了什么样的变化，我都还是个完整的人。我的某一部分是无法定义也不会改变的，它不会随着年龄的增长或疾病的侵袭而瓦解和消失。这是我固有本质的一部分，这就是自我，永远的自我。”

* * *

这位可敬的男人终于发现了问题的实质，即自我是超越身体疾苦、财富多寡和子女亲情的。当揭开压在我们身上的这些角色后，剩下的就是赤裸裸的自我。每个人的内心深处都蕴含着令人难以想象的善的潜能：给予不求回报，倾听不加评判，仁爱不谈条件。让这种潜能完全发挥就是我们为之奋斗终身的目标。即便没有百分之一百地达到这种理想状态，如果我们努力过，在每天的分分秒秒中都曾或近或远地向这个目标靠拢过，我们就成功了。很多人在病魔缠身时得以升华，渐趋成熟，他们希望能将这种经验传授给别人，他们努力向前，力图完成自己未竟的事业，秉一根燃烛，为别人照亮前行的路。

自我意味着人性的完整。人性中包含了我们经常试图隐藏的黑暗部分。有时候我们会觉得自己是被善良吸引住了，但实际上吸引我们的是真实。我们喜欢实实在在的人，厌恶那些将自我藏在虚伪的美丽外表之下的人。

伊丽莎白

几年以前，在芝加哥大学医学院当老师的我有幸被评选为“最受欢迎的教授”。在当时，这种称号是我们这些教授能得到的最大褒奖之一，因为大家都希望能得到学生的认可。在宣布我得奖那天，跟往常一样，每个同事都对我礼貌有加，但没有一个和我谈起获奖的事。我意识到在他们笑容的背后还藏了些他们不愿意提及的事。等到那天快下班的时候，一位身为儿童心理医生的同事将一束美丽的插花送到了我的办公室，上面还有一张卡片，卡片上写着：“极其嫉妒，但还是要祝贺你。”从那一刻起，我觉得自己从此以后可以信任这位男同事了，我欣赏他能表现得如此诚实且如此真实。当他展现出真实的自我后，他让我有了安全感。

* * *

自我最伟大的完美性还表现在它并不刻意隐瞒我们的黑暗面和缺陷。当我们认清别人的本质时，我们才能寻得慰藉，这同发现自我的真相处于同等重要的地位。

曾经有一个人向我讲述他祖母的故事，当时他的祖母已经快八十岁了，病得很重。“看着她就这样撒手人寰，我实在是无法承受。”他说，“最后我终于鼓起勇气将这一切向她和盘托出，‘奶奶，我不会让你就这样走的。’我知道这听起来有点自私，但当时我就是这么想的。

“没想老人家却对我说了这样一番话：‘亲爱的，我已经知足了，我的生命已经圆满且完整了。我知道你肯定觉得我的生命快走到头了，但我向你保证，这一路走来，生命从来没有亏欠过我。其实人就像一块馅饼：一块分给父母，一块分给爱人，一块分给子女，一块分给工作。等到生命完结的时候，有些人都没能为自己留下一块——他们甚至不知道自己想要哪一块，但我分到了属于自己的那一块。认清了自我以后，我可以安然地离开人世了。’

“当我听到这些时，我知道可以安心地让她魂归天国了。她那些振聋发聩的话放在我身上同样适用。我告诉她，等到我闭眼的那一天，我希望自己也能与她说出同一句话。但她却探起身来，神秘兮兮地对我说：‘其实你大可不必等到那天，你现在就可以挑出属于自己的那块馅饼。’”

02

爱

爱是生命中唯一真实
而持久的经验。

爱，说不清，道不明，却又是生命中仅有的真实且永恒的体验。它是恐惧的对立面，人与人之间关系的本质所在，创造力的核心以及能量的恩典；它是自我之中错综复杂的一部分。爱同时也是幸福的源头，这种力量能连通我们彼此，并流动在我们之间。

爱与知识、教育以及权势无关；它超越于行为之上。爱同时也是生命中不会遗失的唯一天赋，我们最终唯一能给予的只有爱。在一个充满幻想、梦想和空虚的世界里，只有爱才是真理的源头。

爱虽然伟大，也让人捉摸不透，因此某些人穷尽了一生也没有找到爱。所有人都害怕无法拥有爱，但等到发现了它，却又把握不住或害怕无法持久，某些人也会将其视为理所当然。

我们以为自己懂得了爱，因为从童年时代起，我们就绘下了关于爱的图像。最普通的图像便是罗曼蒂克式的理想：遇见一个特殊的人，突然间人生变得完整，一切都变得精彩起来，从此以后一直生活在幸福之中。但是在现实生活中，当我们必须向爱中填入不浪漫的细节时，当我们明白自己所付出和接纳的大部分爱并非是无条件的时候，我们就会遭遇心碎。事实上，即便对家人和朋友的爱，以及来自他们的爱，都是基于某些期望值和一定条件的。因此，当这些期望值和条件没有被满足时，现实生活的细节就变成了一根扎人的针，噩梦不断；我们会感觉自己生活在无爱的友谊和亲情中。当我们还是孩子时，一旦从浪漫的幻象中醒悟过来，就容易简单直接地坠入一个缺乏爱的世界中。但是当长大成人后，从成年人的视角来看待爱，我们会觉得爱变得更清晰，更现实，也更苦涩了。

幸运的是，真爱还是有可能存在的，我们可以感受到那种自己想要得到的爱。这种爱的确存在，但强求不得。爱不存在于妄图找到完美配偶或最佳朋友的虚幻之梦中。只要我们能找到生活的完整性，现实中的真爱就会伴随我们左右，充盈我们身心，记住这点我们才能拥有真爱。

我们中的大多数人都想拥有无条件的爱，但这种爱存在的前提是要交出真实的自己，而并非在于我们做什么或不做什么。如果足够幸运，我们会在一生中经历那么几分钟的无条件之爱。但我们生命所经历过的大部分爱都是有很多附加条件的，这实在让人感到沮丧。我们之所以被爱要看我们付出了多少，收入有多少，人有多幽默，待孩子如何，或家务做得怎么样，诸如此类。有时候，我们只是发觉以别人爱我们的方式去爱对方有点困难，但结果，这种固执演变成好像我们是在寻找不爱对方的借口。

伊丽莎白

在某一次演讲之后，一位打扮非常得体的女士朝我走了过来。大家知道我这里说的“得体”是指什么意思：每根头发都梳得有条不紊，衣服的搭配堪称完美，诸如此类。“去年我到过你的工作室，”她说，“那时候每次在下班的路上，我满脑子里都是我那十八岁的儿子。晚上一回到家，就看见他坐在厨房的台面上，穿着那件让人憎恶的破旧 T 恤——那件 T 恤是他从某位女朋友那拿过来的。我总是担心，当邻居们看到我儿子穿成这样子时，他们会不会认为我连给孩子们穿件衣服都不会。”

“他就和他那些朋友坐在那里。”当她说到“朋友”时，脸上满是憎恶。“晚上下班一回到家，我就骂他，先从那件T恤说起，一件件一桩桩，没完没了……唉，我们母子那时的关系就是这样。

“后来，当我回想起在你的工作室里所练习的模拟临终实验时，我渐渐意识到生命本是一件礼物，这件礼物我无法永远掌握；同样，那些我爱的人的生命亦无法永恒。我必须要面对那些‘如果……怎样’之类的命题，如果我明天就离开人世，对自己的生活我会做何感想？我意识到其实我的生活并不如想象的那样糟糕，即便我跟儿子相处得不太融洽。然后我又想：如果我的儿子明天不在了，面对我给予他的生活，我将做何感想呢？

“我想，等他死后，在回顾我们之间糟糕的关系时，我肯定会经历巨大的失落和矛盾。我甚至在脑海里虚构了他的葬礼。我是不会让他穿着西装下葬的，他穿西装不好看，倒不如连同那件该死的T恤一起埋了去，借以纪念他和他的生活。

“终于我意识到，死亡来临时，我才会爱上他真实的样子和他所喜欢的一切，并将这一切作为礼物赠予他，但为什么在生前我却做不到这样呢？

“在那一瞬间，我理解了那件T恤对他的重要意义。不管出于什么原因，它都是儿子的最爱。那天晚上，我一回到家就告诉他说，那件T恤他想怎么穿就怎么穿，都没问题。我还告诉他，妈妈爱他，并不会因为他的穿着方式而有所改变。我不再以自己的期望去要求他，不再尝试用自己的观点去影响他，爱他关心他只因为他是我的孩子，这种感觉真是太好了。现在，我已经不再试图将他塑造成我心目中的完美形象，我发现本来的他是如此的可爱。”

* * *

只有将我们置于爱之上的条件移除，我们才能在爱中寻得平静和幸福。但通常的情况是，我们总是将最苛刻的条件施加于我们最爱的人身上。从本质上看，我们一直生活在条件之中，关于有条件的爱，我们已经学得炉火纯青，若重新学习无私之爱则变得异常困难。身为芸芸众生中的一员，不管是索取还是施舍，要寻找完全无条件的爱的确不太可能。但终其一生，也许有那么几分钟的时间，这样的爱就从我们身边一闪而过。

从年幼的孩子身上，我们经常可以找到这种无条件的爱。对于他们来说，我们每天过得怎样，挣多少钱，有多大成就都是不值得关心的，他们只会不讲条件地爱我们。但是当因为一个微笑、一纸成绩或一次听话就对他们进行奖励时，我们最终教会了他们如何将自己的爱置于条件之上。尽管如此，从孩子们的身上，我们还是可以学到很多关于爱的真谛。如果能将自己对孩子们的爱稍微去条件化一点，稍微持久一点，那么我们就能创造出一个完全不同的世界。

条件是绑在情感上的石头，抛开条件你会在想象不到的地方发现爱。

如要献出无条件的爱，最大的障碍之一便是害怕得不到回报。但我们没有意识到，我们所追寻的那种感觉其实就在于给予本身，而非接受回报。

如果以索取来衡量爱，我们将永远感受不到被爱，因为那种欲求不满的感觉会始终充斥我们的心灵。这种衡量的行为并不是爱的行为。当你感觉不为人所爱时，并不是因为你没有接收到爱，只是因为你阻挡了爱的给予。

当你同所爱的人发生争吵时，你会感到沮丧，似乎因为对方做了什么或没做什么，但其实深层原因在于你封闭了自己的心，拒绝付出自己的爱。真正解决问题的方法是不要轻易对爱有所保留，让它自由发展。他们做了怎样，不做又怎样？你从此以后不会再爱你的母亲，你的朋友，你的兄弟姐妹们了吗？如果你爱他们就不要在乎他们的所作所为，只有这样，你才会看到变化，才会看到压抑被释放后的能量，才会看到他们的心被你融化。

大卫

一位在环球航空公司担任空中乘务员的女士跟我讲述了她的经历。“我同一位在800航班上工作的机组人员是非常要好的朋友。有一次，因为自己太挂念她，于是就给她打电话约个时间见面，但不巧的是她人不在。我在她的语音邮箱里留了口信让她回电话给我，但是几天过去了，她没有打电话给我，这让我恼火得不得了。我丈夫让我再打过去看看，或者把想说的话录在电话里。我知道她那段时间肯定很忙，要打电话还得等到闲下来。想到这些，我就愈发不爽，于是我抑制住对她的思念，将自己的心灵封闭了起来。没想到第二天，她乘坐的那班飞机就坠毁了。我陷入深深的懊悔之中，懊悔自己没有慷慨地给予她爱，却斤斤计较着施与受是否等重。”

我告诉这位女士，不要对自己过于苛刻，这么多年的友谊，她的朋友肯定知道自己被给予了很多的爱。痛失朋友不是她的错，她需要原谅自己。她应该意识到在打电话给朋友的同时，自己也经历了心灵的挣扎：她用某一刻，某一个行为来对爱进行衡量，然后就关闭了自己的心。实际上，有时候我们必须从全局出发去看待爱，无须在细节上过于计较，诸如一个电话这样的细节会干扰你对真爱的判断。这位女士的例子就很好地说明了斤斤计较公平是如何干扰了我们对别人爱意的表达。这是人生中需要学习的深刻一课。

* * *

再一次敞开心扉，你必然会有不一样的发现。当我们关闭自己的心灵，或者变得褊狭时，多半是因为我们不知道对方的想法。我们不明白他们为什么不回电话，为什么说话总是那么大声，然后因为这些我们不爱他们了。我们总是准备诉说自己所受的伤害、痛苦以及我们是如何被冤枉的。但事实真相是：我们也没有善待别人，我们吝啬了自己的笑脸，我们不再通情达理，我们将爱撤回。我们糟蹋了上帝给予我们的最好礼物，比起别人的所作所为或无所作为，我们这种保留爱的行为要严重得多。

某天晚上，一位已经九十八岁高龄的老妇人同我讨论起生活和爱。“我是母亲一手带大的，她是个从来不信任男人的女人，她认为男人的作用就是做经济后盾。有这样一个母亲，作为她女儿的我自然也与爱情绝缘，何必自找麻烦呢？我总是这样对自己说。我唯一关心和信任过的男人就是我的哥哥，他是我生命中最重要的人：他不但是我的哥哥，还是我的朋友，更是我的保护者。哥哥娶了一个很好的女人，在我快二十岁的时候，他生了重病，医生也查不出来病因。他住院的时候，大家坐在一起，似乎都知道他已经时日无多了。我告诉他说，我不想活在一个没有他的世界里。他却说生活已经给予他很多，如果上天注定，他也无能为力。但他认为我还可以改变，'其实我更害怕你就这样错过了自己的生活，错过了爱情。不要错失爱的机会。人生的旅途上，每个人都要经历爱情，你爱上谁，何时爱上，爱了多久，这些都不重要，去爱就好了。不要再让爱从生命中溜走了。'

"因为大哥的话，从此我过上了另一种生活。我开始同过去的自己，那个充满了不信任和恐惧的自己决裂。我开始尝试全新的生活，那种大哥希望我拥有的生活。他说得太对了，不拥有爱，生命便不会完满。"

很多人都知道有种"爱"实际上等同于防护，就像那位老妇人以前的所作所为。我们在很早的时候便认识到不要相信男人、女人、婚姻、父母、亲友、同事、老板甚至是生活本身。我们被某些"好心人"如此教导，他们认为自己这样是为了我们的利益，但是实际正是他们让我们错失了爱的机会。

但在内心深处，我们知道自己注定要完整地生活着，美满地爱着，即便要冒很大的风险。也许这种感觉只是被深深地埋在了心里，但它就在那儿，只等着某个行动，某个事件，甚至是某人的某句话就激发出来。我们真正的学习对象是一些让人意想不到的大师，例如孩子们。

伊丽莎白

几年前，我曾有幸结识了这样一位男孩，在生命行将结束之际，他不但热切盼望着能将爱洒满人间，而且希望能找寻到生命的真谛。男孩只有九岁，却罹患了六年的癌症。在医院里，我只看了他一眼，便知晓这个顽强的男孩曾与病魔进行过多少惨烈的搏斗，但他现在已经接受了生命即将枯竭的现实。在他准备回家那天，我去探望了他并同他告别。出乎意料的是，小男孩让我陪他一起回家，当我准备偷偷摸摸地看下手表时，细心的他向我保证说不会耽误我很久。我们将车开到他家的车道上停好，小男孩让他的父亲将他的自行车从车库里取出来，那辆自行车在车库里已经挂了三年，一直没用。小男孩最大的梦想就是骑着自行车在大街上绕几圈，因为生病，他一直无法实现这个愿望，于是他央求父亲在自行车上装上辅助轮。对一个小男孩来说，这样做是需要莫大勇气的：当同龄的孩子们将自行车踩得飞快，玩着各种花活时，他只能借助辅助轮才能让自行车动起来。在他泪眼婆娑的一再请求下，父亲终于答应了。

然后小男孩看着我说："你的工作是拦住我妈妈。"

母亲总是无时无刻不在担心着孩子，怕他受到伤害。小男孩的妈妈总是想尽一切办法不让他上街，但在如此强大的决心面前，一切阻挠都无济于事。妈妈终于明白，她能为儿子做的最后一件事便是因爱而克制。当他在承受人生中最后也是最难的一次挑战时，默默注视也许才是最大的鼓励。

当小男孩骑着自行车离去时，我们目送着他，短短的几分钟似乎漫长得如同永恒一般。终于，他从街道的拐角处绕了回来，勉强保持着平衡。他用尽了全身的力气，所以脸色苍白。没有人认为他能够骑车，但小男孩做到了，他证明了自己。父亲取下了辅助轮，我们将自行车和他一起搬到楼上，"等弟弟从学校回来，我能把自行车送给他吗？"他问道。

两个星期以后，那位还在读一年级的弟弟告诉我们说，哥哥已经将自行车作为生日礼物送给他了，因为哥哥知道自己活不到他生日那天了。在生命所剩不多的日子里，这位勇敢的小男孩实现了自己最后的梦想：骑着心爱的自行车绕过街道拐角，然后将它传给比自己更年幼的弟弟。

＊＊＊

渴望爱，渴望生命，渴望冒险，我们每个人都会做梦，但可悲的是，我们不但不去尝试，还为自己找出各种各样的理由。看起来这些理由保护了我们，但实际上它们囚禁了我们，并将生命过早地扼杀。如果我们能毫无顾忌地追逐自己的梦想，跨上属于自己的自行车，爱上当爱之人，那么，我们正是活在当下。

伊丽莎白

当我在思考关于爱的历练时，自我和生命这些字眼也一齐涌入了脑海。人活着自然就是为了经历世事增长见识的，与所有我曾与之共事过的人一样，我也需要学习如何善待自我。我一直觉得自己有点像是瑞士来的乡巴佬，不管什么时候听到“自爱”这个字眼时，脑海中便会浮现出一个女人坐在墙角自怨自艾的画面。很明显，我对“自爱”有些不太感冒，甚至于有些绝缘。

在个人生活和多年的工作实践中，我经常会感受到来自他人源源不断的爱。有些人会觉得，如果自己被很多人所爱，那么自爱自然是理所当然的事情，但对大多数人来说，事实并非如此。

* * *

如何才能学会爱自己？这的确是个大难题，因为大多数人自孩提时代起就没有学过这一课。从小我们就常被教导说自恋是一种消极行为，因为自恋夹杂在自我专注和自负中间，显得暧昧不清。因此，我们所认为的爱中通常指遇上心仪之人或彬彬有礼之辈，其实这些与爱不能完全划等号。

很多人可能从未经历过真正的爱，他们经历的只是回报罢了。从小大人就教导我们说，只有懂礼貌，学习好，见人就笑，勤洗手，才会有人“喜欢”我们。因此，我们施展浑身解数以期望被爱，却浑然不知这种爱是附加有条件的。真爱非得需要来自别人的认可吗？我们到底怎样才能真正地爱上自我呢？就让我们先从滋养灵魂怜悯自我开始吧！

你能感受到自己的灵魂吗？你的灵魂得到过你的滋养吗？你做过什么能让你自我感觉良好同时又十分乐意去做的

事吗？当我们爱上自己时，生活中便会充满能让人脸上洋溢着笑容的美事，不仅如此，我们的心灵和灵魂也会随之而歌唱。这些事并不是那些教导我们去遵守的条条框框——我们行事的出发点是为了自我。滋养自己的灵魂其实并不如想象中那么艰难，周六早上不想动弹？那就睡个懒觉吧！灵魂得以滋养，爱总会环绕左右。

在关爱灵魂的同时，请对自我多些怜悯，别让它绷得太紧。很多人不愿正视自我，他们认为自我太过丑陋，太过愚蠢，以致让人无法怜悯得起来。他们并不介意别人的错误，“别担心，人都会犯错的，没什么大不了”。等到自己犯了同样的错误时，却将自己贬得一文不值。大多数人善待别人却苛责自我，为什么我们不能像原谅别人那样宽容和原谅自己呢？

大卫

尽管快到五十岁了，但个头高挑的卡罗琳依然是一位充满了吸引力的女人，异常美丽的黑色头发再配上无比真诚的微笑，漂亮的她保持魅力的秘诀就在于懂得如何去滋养自己。我们是在工作中认识的，卡罗琳是我见过的最快乐的人，她的乐观天性深深打动了我。当时她正在与一位精明能干且不乏幽默感的牙医处于热恋之中，二人已经谈婚论嫁了，婚期就定在几个月以后，而且他们还准备领养一个小孩。

能和卡罗琳这样的人待在同一个屋檐下真是让人开心，在她眼里从来就没有陌生人这个字眼，她总是友善地亲近每一个人——不管是接待员、服务生，还是电影院里坐在旁边的陌生人。有天晚上，我们一起共进晚餐，我对她说，陷入爱河的她真的很幸运，她却微微笑着说，这并不是什么幸运的事，然后她慢慢打开了话匣子，讲起了自己的故事。

六年前，她在自己的乳房里发现了一个肿块，经过活组织检查后，医生说结果有些奇怪。三天以后，医生又说要做进一步检查，看肿块是否癌变和扩散。

“我当时觉得肯定是癌，”卡罗琳说，“不用再查了。我所有的愤懑都写在了脸上，那三天是我整个人生中最漫长的等待。终于结果出来了，没有癌变，我觉得自己真的被老天眷顾了。从那以后，我决心不要让那样痛苦紧张的三天白白逝去，我要彻底改变自己以前的生活方式。

“假期快到了，我接到一个很平常的邀请，让我去参加某个派对。上一个圣诞节的时候，我还是形单影只，孤独到绝望，我尽可能地多参加派对，期望能找到真爱，给予我全部的爱意。我一踏进派对现场，第一件事就是到处找男人，看有没有中意的，没有的话马上冲到下一个派对。等赶场结束后，回到家的我却更感到绝望和孤独。

“在经历了那地狱般的三天以后，我决定今年不再干傻事了。我要换一种活法，爱和被爱都要自己施舍给自己，不去盲目地追寻。派对还是要去的，但没有理想的男人也无所谓。不是还有别人吗？那么多了不起的人，谈谈话，找找乐子，不也是很开心吗？喜欢或爱上他们，一切随缘，不为别的。

“你看，你肯定以为我终于找到了中意的白马王子，我的故事结束了是吧？但实际上我并没有如愿。晚上派对结束的时候，我却并没有感到孤单或绝望，因为我同那么多人真诚交谈过，我的笑容是真实的，我感受到的爱也是纯粹的，我过得很好。从别人那里，我感受到了前所未有的爱意，同时我也彻底喜欢上了自己。

“那一年，不管是在派对上还是在工作中，在每一个可能的场合，我一直都保持着这样的状态。我给予别人的爱越多，自己能感受的爱就越多，爱上自我就变得越轻松。我和我的朋友们变得前所未有的亲近，我也结识了一些很好的新朋友。我变成了一个更快乐的人，那种别人想去亲近的人。我不再绝望，不再盲目寻找爱情，因为每一天我都在经历着爱。”

* * *

爱上自己就意味着要移除所有阻隔，接受围绕在身边所有的爱。围绕在自我周围的屏障有时候难于被发现，但它们的确存在，而且阻隔了我们的人际关系。

当我们遇见上帝时，他会问我们："你将爱给予自己和他人了吗？你从自己和他人那接收到爱了吗？"通过让爱在我们和他人之间自由流通，我们可以学会爱自己。上帝为我们提供了无限的机遇，让我们去爱和被爱。爱就在左右，任由我们免费索取。

伊丽莎白

一个三十八岁的男人被诊断患了前列腺癌，他告诉我说，在接受治疗那段孤零零的日子里，他开始回顾自己的生活。在我们交谈时，孤独的一生让男人的脸上写满了悲伤。我问他："你看起来既聪明又有魅力，人也长得不错，为什么没结婚或找个女朋友呢？"

"关于我的恋爱故事，说起来有些不幸。"他说，"我试着爱过不少人，也想给予她们幸福，但无一例外都失败了。恋爱的时候，我总是想拼尽全力为对方创造幸福，等到最终让对方失望时，我主动选择了退出。其实这没什么，大不了我再开始一段感情，女人多得是。现在我生命的一半都已经逝去了，而且它结束的速度比我原先预计的还要快得多。我开始渐渐意识到，我没有机会再去爱了，一点机会都没了。但是如果我不能让别人幸福，给她什么都是没用的，还不如选择离开呢。”

听了这些话，我问了一个明显他从未考虑过的问题：“如果爱并不能使一个女人幸福呢？如果我们将爱定义为不离不弃呢？我们都知道自己没办法让别人总是幸福。也许你的衡量标准并不正确，其实真正能使她们幸福的因素是永远的陪伴。”

生活总会起起伏伏。所爱的人遇上了麻烦，我们不能总是代为解决，但我们可以一直在那儿陪伴着她们。也许多年以来，这种无言的陪伴才是爱的最强音。

“当你躺在医院里，经受病魔无情的折磨时，任何一个女人也无法让你幸福起来。”我对那个男人说道，“但是如果有个人一直伴随在你左右，你会感觉如何？也许这才对你真正有意义。”

* * *

大卫

在演讲时，我经常以一位年轻母亲和她已经离开人间的女儿邦妮之间的故事作为结尾——这个故事的确具有安慰人心的力量。那一天，跟往常一样，邦妮的母亲将六岁的小邦妮放在了隔壁的邻居家里，自己则去公司上班。当天晚些的时候，当邦妮在邻居屋前的草坪上玩耍时，一辆转弯的车突然失去了控制，直接冲到了草坪上，将小女孩撞飞到街上。

附近一位执勤的警察马上被叫了过来，但他冲向小女孩时，他知道已经回天乏术，因为她伤得太严重了。于是警察只是将小女孩抱起来，放在自己的臂弯里。

当医护人员抵达时，小女孩已经停止了呼吸，但他们还是迅速展开了救援，迅速将她送进了医院。在医院里，急诊室的医生又努力了一个小时，试图挽回小女孩的生命，但最终以失败告终。

其中的一个护士试图与邦妮的母亲取得联系，告诉这个可怜的女人早晨她刚亲吻过的年幼女儿已经不在人世了。当电话接通时，护士尽可能轻柔地告诉了她这个可怕的消息。医院主动提出派人去接这位母亲过来，但她却坚持要亲自开车长途跋涉过来。

最终，当坚强的母亲步入医院时，原本强撑的勇气在看到躺在手术台上已经毫无生命气息的女儿时，一下化为了乌有，她完全崩溃了。

医生们都坐在她旁边，向她解释她女儿的伤势有多严重，他们已经想尽了一切办法来挽救小女孩，可回天乏术。但医生们的话丝毫不起作用；护士们也过来了，她们说了很多安慰的话，但那位母亲还是伤心欲绝，无法自已。最后，心力交瘁的母亲从急诊室里走了出来，她走到投币电话处，准备打电话把自己的亲朋好友叫过来，讨一个所谓的“公道”。就在那时，那位第一个到达事故现场将小邦妮抱在怀里的警察站了起来——他在医院里已经待了四个小时。他径直走向小女孩的母亲，告诉她所发生的一切。“我告诉你这些只是想让你知道小邦妮并不孤单，因为有我和她在一起。”那位警察说。

母亲终于释怀了，因为她知道自己的女儿在离开人世前的最后一刻，还被抱在怀里，还有人爱着她，她是带着爱结束生命的，哪怕这爱来自一位陌生人。

* * *

伊丽莎白

对爱，对生命，对死亡来说，不离不弃、荣辱与共才意味着一切。很多年以前，当我还在医院工作时，曾注意到一个有趣的现象：很多濒危的病人有一段时间突然精神起来，而且这并不是我的功劳，而是一位清洁女工。每次当她走进那些病人的房间里以后，就会有些不一样的事情发生。如果能学到这个女人的魔法，就是花上100万我也在所不惜。

有一天，我在走廊里碰见了她，我再也忍不住自己的好奇心，直截了当地问她说："你究竟对那些垂危的病人施了什么样的魔法？"

"我只是清理房间而已。"看来她不想说实话。

为了搞清楚她是如何让病人感觉好起来的，我决心偷偷观察她。但窥探了几个礼拜以后，我还是一无所获。终于有一天，当我还是跟往常一样窥探她时，她突然抓住我的手，把我拉到护士站后面的一间屋子里。她没有急于告诉我她的秘密，反倒是从自己的亲身经历讲起：有一年的一个冬夜，她三岁的儿子突然得了重病，时值深夜，当母亲带着病危的儿子赶到急诊室时，竟然一个医护人员都没有。她只好将儿子抱在怀里，绝望地坐在那等，一连等了好几个小时，都不见医生的踪迹，她只能眼睁睁地看着儿子死在自己的怀里。当她说起这些时，除了痛苦和悲伤外，竟然不见任何愤恨、积怨、恼怒和消极情绪。

“你为什么要告诉我这些？”我问她，“这与那些垂危的病人有什么联系吗？”

“因为死亡对我来说，再也不陌生了。”她回答说，“死亡就像我的老相识。有时候当我走进那些病人的房间，看到他们如此害怕死亡时，我就禁不住走到他们跟前，轻抚他们。我告诉他们说，我曾目睹过死亡，当死亡来临时，他们会没事的。然后我会待在那里陪他们一下，并且克服心中想要离开的欲望，也许这就是爱吧。”

尽管从未接受过心理学和医学的专业培训，但这位朴实的清洁女工却深谙生命中最大的秘密之一：爱即陪伴，爱即呵护。

有时候，出于某些无能为力的特殊情形，我们无法做到亲身陪伴，但请记住爱是可以跨越时空的，请不要吝惜爱的表达。

* * *

大卫

去年，我被邀请去新奥尔良的某个医学大会上发言，而后又被要求去杜兰大学为社会工作者们上一堂课。本来这些演讲都是颇为有益的职业经验，但对我来说，回新奥尔良却是一趟并不愉快的旅程。当飞机降落在机场时，我百感交集：因为在这里我最后一次目睹我活着的母亲。在工作完成以后，我决定再回我母亲去世的医院看看。

当年因为本地的医院无法治愈我的母亲，因此她被转到了另外一家较大的医院。那一年我只有十三岁，医院规定未满十四岁的亲属不准探视病人，于是我常常坐在那家医院特护病房的外面，一直等啊等，想找到一个机会偷偷溜进病房，和母亲说上几句话，轻抚她，和她待在一起。

然而祸不单行，某天我和父亲所住的旅馆突然被要求将房客都疏散出去，那时候我们正在旅馆的大厅里准备去看望医院里的母亲，突然很多警车尖叫着停在了旅馆门前，警察都冲了进来，大声吼着连推带拉地让我们疏散。我们刚跑出旅馆时，就听到一阵枪声。一个狙击手正站在旅馆房顶上朝路过的行人射击。父亲和我想跑到右边的医院和母亲待在一起，但警察不让我们过去，坚持要我们躲进医院旁边的一所建筑中。最终警察击毙了狙击手，控制了局势，我们才得以进入医院。

试想一下，一位十三岁的男孩子，冒着枪林弹雨急着要去看妈妈却被拦住了，他心里该有多么绝望，他只不过想多陪妈妈一会儿，跟她告个别而已。

现在，二十六年已经过去了，当我走过旅馆前的一小片草地看见医院时，那天那种慌乱加上不知所措的情形又一次涌上心头。我久久地站在特护病房的门外，看着那扇我曾在二十六年前凝视着不肯离去的窗户，回忆着当年那位十来岁的小男孩是如何盼望着能看到自己的母亲。也正是在这里，我那亲爱的母亲度过了她生命中的最后两个星期。

一位护士从拐角那走了过来，她问我是不是要探望病人，我回答说："不用，谢谢了。"眼前这一幕不禁让我回想起当年护士不让我进去探视的那种讽刺感。

"你肯定吗？"她坚持问，"如果你想进去就进去吧，没关系的。"

"不用。"我说，"我想见的那个人已经不在这里了，不过还是要谢谢你。"

如今，在经历过这么多年的风风雨雨之后，我知道母亲一直活在我的心里，在我写下的每句话里都有她的气息。我相信她一定还活在某个地方，虽然我看不见她，但我能感觉得到。即便在她弥留之际，我只能苦苦地等在门外，但我知道我的心与她在一起。

* * *

对那些我们深爱的人来说，一直陪伴在他们左右才是爱最真切的体现，即便是那些连名字都叫不上来的护理人员或只是一些陌生人的相伴相知，也会让他们感受爱的伟大。

一位清洁女工、一位母亲、一位朋友或一位将陌生小女孩抱在怀里的警察，我们爱的经历总是多种多样，在不同的情境中不同的善良之人会给予我们不同的爱。不管我们是谁，做过什么，财富几何，朋友多寡，我们都能爱和被爱。我们一直和所爱的人长相厮守，只要敞开心灵，以爱回报。

不管是幸福的体验，还是悲伤的经历，爱总是生命中的无价之宝。爱赋予生命最深层的含义，它是人类最本质的组成部分。不管我们怎么称呼它，爱也好，上帝或灵魂也好，藏在我们内心深处的它都是活生生且可触摸的。爱是天赐，是神圣，是丰饶，爱因我们而生。

03

关　系

用心看待和人相处的
每一刻。

对于几个月前和丈夫共度的最后一个夜晚，这位四十一岁的女士到现在还记忆犹新：那天晚上她做了一顿简单的晚餐，用餐完毕后他们一起看了会电视，丈夫说他的胃有点不舒服，打算吃完一粒胃药就上床睡觉了。她和他吻别，互致晚安。一个小时以后，当她准备上床睡觉时，丈夫已经熟睡了。

第二天早上，她很早就醒了，觉得有点不对劲。“我能感觉得到，”她说，“当我起身去查看凯文时，我知道他已经不在了。他在睡梦中死于心脏病发作，他才四十五岁。”

这位女士说，这段让人心碎的经历教会她不要对人或对时间持满不在乎的态度。“凯文走后，我开始回头打量我们以前的生活，竟发现一切都是如此的与众不同。我们的最后一个吻，最后一顿晚饭，最后一次度假，最后一个拥抱，最后一次大笑，一切的最后都是如此明晰。我终于明白，人总是在事后才能醒悟。也许在各种关系之中也有所谓的‘最后’

吧！回顾这一切的一切时，我多么希望能每时每刻都拼尽全力，毫无保留地去生活，去爱。凯文是上天赐予我最珍贵的礼物，我无法永远保存，只能暂时拥有。其实，我所遇上的每一个人都是我生命中一闪而过的流星，美丽却短暂。当明白这些后，我开始倍加珍惜生命中的美好之人和美妙之时。”

我们在一生中会建立各种各样的关系，有些是我们自己主动选择的，如配偶和朋友；还有一些，如父母和兄弟姐妹，则是上天替我们选择的。

经历生活，发现自我，克服恐惧，汲取力量，寻求真爱，关系为我们提供了绝佳的学习机会。乍看之下，这种想法似乎有些奇怪，因为某些关系给我们带来的不仅是困难和沮丧，有时候甚至是心碎的体验。但对学习和生长，爱与被爱来说，世界上再也没有比关系还要出色的老师了。

一般人可能会认为与他们建立关系的人不外乎配偶或一些比较重要的人，但事实并非如此。实际上我们会同遇上的每一个人建立关联，他们可能是朋友、亲戚、同事；即便是一年才看见一次的医生或永远也不想看见的讨厌邻居都会与我们产生关系。这些关系看似各不相关，其实具有很多共同特质，因为它们的源头在你身上。对每段关系来说，不管是最亲密，还是最紧张，抑或是最冷漠的，它们唯一不变的共同特质就是你。在每段关系中，你所赋予的态度——积极或消极，希望或憎恶——都会影响你对其他关系的判断。你拥有将爱分配到每段关系中的机会，或多或少，完全取决于你。

伊丽莎白

这是希拉里的第四次住院，在过去几年中，尽管她的癌症一再复发，但她一直不懈地与病魔做斗争。希拉里最好的朋友瓦妮莎和瓦妮莎的丈夫杰克跟我说，他们愿意接受希拉里已经濒危的现实，但杰克表示希拉里在没有至亲之人的陪伴下就这样孤独地离开人世让他感觉很难过。

我安慰他们说："她不会孤独地离去，因为你们一直在她身边。"

等我第二次去探望希拉里的时候，因为探病的人太多，瓦妮莎和我决定去走廊聊天。瓦妮莎说，"杰克还为希拉里感到难过，说她没能找到生命中的至爱。但那么一屋子爱她的人，让我都有点妒忌了。我不知道有多少人爱着她，屋子里的每个人身上都洋溢着我从未感受过的纯纯爱意。我想希拉里也感到很惊讶吧。"

那天的晚些时候，希拉里环顾着左右，仔细辨认着每一张脸，然后说："你们所有人来这儿都是为了看我，我简直不敢相信，我从来都不知道有这么多人爱着我。"这就是她的临终遗言。

* * *

我们当中的有些人从来发现不了身边的特殊之人，但这并不意味着我们在生活之中发现不了特殊的爱。我们之所以无法识别爱，是因为我们将其一一分类，错误地认为只有浪漫爱情才是唯一"真实"的爱。但实际上我们拥有如此众多的联系，我们身边有太多的爱在环绕。无论是生是死，若能拥有希拉里曾经所拥有的那般爱意，我们堪称幸运。

关系也分意义重大和无关紧要，永远拥有或偶尔为之？这样的说法是无稽之谈。从最熟悉的配偶到匿名的电话接线员，你与每个人之间的相会、偶遇或交流，不管多简短，多深刻，多积极，多中立抑或多痛苦，都是充满意义的。事实上，每一段关系都有潜在的重要性，甚至是与路上陌生人最不起眼的擦身而过，也会教会我们许多关于自我的认知。我们生命中所遇到的每一个人都有可能将我们带向幸福，让我们在灵魂中寻得爱之处所，但也有可能使我们陷入挣扎和苦恼的境地；他们都有可能在最意想不到的时候为我们带来伟大之爱和不寻常的交往。

从那些浪漫之爱中我们所求甚多：疗伤、幸福、爱情、安定、友谊、满足和陪伴，我们甚至希望它们能“嵌入”我们的生活之中，帮助我们摆脱沮丧，为我们带来非同一般的快乐。我们总是希望这种关系能让我们获得永恒的幸福，很多人甚至觉得真爱能改善生活的各个方面。尽管我们在理智上或表面上没有作此设想，但在我们的信念系统中，这种想法早已根深蒂固。“要是我结婚了，一切都会变好的”，难道你就从来没有这样想过吗？

浪漫之爱不但充满奇妙，而且有时候会激发人的挑战欲，它提醒我们这段关系拥有世界上独一无二的完美性，有了它，我们的生活才会完整。不过，当我们错误地相信这种关系是我们的“万能药”时，问题就出现了，因为浪漫之爱永远不能包治百病，这不过是一种童话般的思维。的确，伴随着童话成长起来的我们经常被鼓励说，只有找到属于自己的白马王子或灰姑娘，才算找到了生活中的另一半；我们心存幻想，总是觉得每只青蛙都会变成王子。长此以往，在潜移默化中，我们就陷入了惯性思维，认为只有找到生命中最特别的人，我们的人生才能得以完整。

童话思维并非一无是处，它充满了魔力和乐趣。但陷得太深则会让我们选择逃避责任，不敢正视职业或家庭中的种种问题，固执地相信人生的完整与问题的解决都可以仰仗一个最特别之人。

杰克逊是一位瘦瘦高高的建筑工人，在被诊断患了白血病以后，他依然选择坚强地面对生活。在诊断结果出来后不久，他遇见了安妮，并且爱上了她。经过短暂的恋爱后，他们结婚了。现如今两年过去了，安妮一直在照顾着杰克逊，他们婚后的第三年据说将是杰克逊弥留人世的最后一年。

对于他们前两年的婚姻生活，安妮一直倍感自豪。她说："想不到，我能爱一个人爱得如此深。我曾经很害怕许诺，但现在我却能毫无畏惧地做出终极承诺。在遇见杰克逊之前，我与别人的恋爱关系一般都维持不了一年。他的病情反倒让我跨过了所有心理障碍。与杰克逊相爱以后，我终于觉得生活完整了。"

但最好——也许是最坏——的事情终于来临了。在无数的治疗方案失败以后，杰克逊接受了骨髓移植手术。手术出人意料地成功，他慢慢从病魔手中挣脱了出来，开始恢复健康。在短短的六个月时间内，杰克逊完全康复了，根本看不出曾得过白血病的样子。但是，安妮和杰克逊的关系却恶化了。安妮开始觉得压抑，人也变得疯疯癫癫起来，不停抱怨当初的激情不再。从伴侣危在旦夕的糟糕境地走过来的婚姻关系，遭遇如今这样的局面，其实并不令人惊讶。

在感觉到安妮的变化之后，杰克逊和她开诚布公地谈了一次。“爱我照顾我，成为我的妻子直至死亡将我们分开，对于这些你都有心理准备，但这些的前提是我会在六个月之内死去。现在我并没有死，真正的婚姻才刚刚开始。当死亡没有如期光顾，当初的承诺就变成了重负。重获新生让我感到很幸福，但你却如同被判了死刑一般。

“童话都是这样结尾的，王子最终得以活下来。但对婚姻来说却根本没有魔法存在。我们需要正视我们的问题，那种所谓‘死亡才能将我们分开’的事情五十年后才会到来，我们还有更艰难的日常生活要去经营。”

在经历一番思想斗争以后，安妮接受了心理辅导。她开始明白应该如何更轻松地面对失落。她说：“杰克逊说的没错。我只不过又一次地愚弄自己罢了，我还为自己制定了一个所谓的短期承诺。伴随杰克逊走完人生路的英雄女性和成为他今后五十年相濡以沫的妻子，在我的眼里是两个分裂的角色。我只是试图去利用这种关系来做自我定义。多亏有了杰克逊的鼓励和他告诉我的真相，我终于知晓，只有着眼于当下，才有未来。杰克逊的病痛将我推入婚姻的义务，不过在经历完这一切后，我意识到他已经俘虏了我的心，我重新发现了平淡婚姻中的激情，这种激情与生和死的激烈碰撞毫无干系。”

杰克逊奇迹般的痊愈让安妮对自己有了更深的认识。这是一次不同寻常的人生经历，这种大起大落的经历让她受伤的自我得以痊愈，更深刻地诠释了什么才是真正的生活。安妮将自己的梦想托付给了真实的生活和爱情，而不是陷入童话和英雄式的幻想之中。

完整和圆满皆来自人的内心。寻找特别之人并不能解决亲密或承诺的问题，它不会让你在工作中更幸福，不会提升你的地位，不会使你的成绩突飞猛进，更不会让邻居或议员们看起来更顺眼。如果你是一个不幸福的人，那你也不可能是个幸福的配偶；如果你自己未能适应自己的职业，那么寻找特别之人的举动只会让你对自己的工作彻底失去兴趣；如果你是一位情感贫乏的父亲或母亲，那么你与子女的相处可能毫无感情而言；如果你觉得找不到合适的对象就意味着一无所有，那么这种空虚的感觉最终会占据你所有的恋爱关系。你迫切寻求的完整和圆满其实就在你的内心，等待着被发掘。

希冀从他人身上寻得完满之爱是因为我们认为自己不够完整，无法生成自己的爱，无法在个人、社会和职业生活中创造属于自己的幸福。其实，完满的答案在于结束这种无谓的寻找，并尝试去进行自我完善。与其去寻找可爱之人，倒不如让自己值得被爱；与其让现有的伴侣更爱我们，倒不如让我们自己变得更值得他们来爱。我们是否付出了与我们所企求的同等多的爱，或者是否在自己并非那么可爱和慷慨时我们依然期望别人去爱我们，这些问题我们需要扪心自问一下。正如常言所说的，如果你自己的船都浮不起来，那就别指望有人能陪你横穿大海。

如果你正在寻找爱，那么请记住：当你做好准备时，那个教会你爱的人自然会出现。想找一位生活伴侣并没有什么错误，但渴求与挚爱快乐地相处与需要某人来使自己完满，这两种想法存在着本质不同。若想在别人身上寻找到快乐和幸福，你必须在自己身上找到完整和圆满。如果某一天，你寻到了特别之人，同时你又值得别人去爱，那幸福就是你应得的。不仅如此，伟大的友情，完美的工作以及其他美好事物都会降临于你身上。

在这个世界上，无论成功或失败，配偶完美或孑然一身，你都是珍稀宝贵且独一无二的。你无须依赖外在的力量，你已经是完整的个体了。人生的解答不在爱情，如果你想要生活充满浪漫，那么请爱上你所拥有的生活吧。

拥有亲密关系的人通常会遭遇相同的烦恼，但解决问题的方式迥然相异。如果你的爱遭遇困难，你将会吸引那些遭遇同样麻烦的人。但在解决问题时，如果一方试图去支配，那另一方可能就会被动；如果一方沉溺于酒精或药物，那另一方则可能是拯救者；如果二人面对的共同问题是恐惧，那一方会以跳伞或登山来克服它，而另一方则更喜欢脚踏实地的安全感。物以类聚，但总是反其道而行之。

有些人曾经这样解释这种现象："在任何关系中，总有一个人负责烤煎饼，而另一个人负责吃。"最典型的情况是，当问题发生时，一方总是积极主动、开诚布公、直击要害、攻克难关；而另一方则会以退为进，仔细考量并进行反省。也许你会认为对方的处理方式有问题，或者让你反感，但从真正意义上看，双方的行事方法对彼此来说都是完美的：一方直接式的解决方式弥补了另一方的缺陷；而另一方"推诿"式的行事思路则推动了前者的进步。

也许你一直在试图完善自己身上的缺陷，但过程总是不顺利，结果也总是不明显。爱总会化身为治疗所需的药品，来到你的家门口为你疗伤。倘若我们恳请上苍让我们变得更可爱，它也许不会将爱直接赐予我们；相反，它会将一份艰辛之爱带入我们的生活中，当我们学着努力应付这份艰辛之爱时，自己也会慢慢变得更加可爱起来。很多人经常会发现，家人和朋友常给自己带来痛苦，而其他不相干的人则不会。也许在这份痛苦背后，老天要间接告诉我们的是：这些人才是我们所需要的——“错误”之人常常是我们最好的老师。

生命之烛行将熄灭的珍妮虽然是一位坚强开朗的女性，但她却是在酒鬼父亲的虐待之下成长起来的。“没想到成年之后，我又经历了一次失败的婚姻，我的丈夫同样是个虐待狂和酒鬼，在忍无可忍之下，我最终结束了这段婚姻。”珍妮说，“现在回头看看，真是让人痛不欲生，当初我还天真地以为能嫁给这个男人是天底下最幸福的事。没想到，童年的痛苦经历又一次在我身上重演了。我伤痕累累，身心俱疲，这段婚姻将很多压抑在内心的伤痛逼了出来。现在，我反倒觉得对这段婚姻充满了感激之情。”

对于那些生活中无法选择的部分——通常是指家庭——我们的确要报以感激之情。父母、手足和还未成年的儿女都可能以旁人所不能的方式打击我们。即便如此，这些血肉联系仍是生命历程中最特别的老师。同朋友不一样，这种关系是我们无法轻易割断的。在我们别无选择的时候，只能迎难而上，想出解决之道。也许，我们最终会发现，最简单的解决方案莫过于去爱他们本来的样子。

亲情中所呈现的诸多情境都会带给我们人生中的各种必修课。我们就像滚筒里未曾打磨过的钻石一般，在各种关系的冲突之中磨光彼此粗糙的表面。

有时候，我们会在心里默念：要是这种关系改变一下，说不定我们就会幸福。我们盼望着改变，盼望着亲情能带给我们幸福。当我们试图改变亲人或亲情时，我们就一定会让对方完美起来，也让自己幸福起来吗？这种想法其实挺荒谬的。

我们的幸福感并不是依赖于亲情向着“更好”的方向转变。事实上，我们无法改变对方，我们本也不该这样做。如果他们不为所动或本不该为所动怎么办？如果连我们都想保持本色，那又何必要强迫别人做出改变呢？

亲情从来不会“支离破碎”，那些我们意欲改变却不为所动的人也不会“一败涂地”。所有的亲情都是互惠的，因为我们和对方是互成镜像关系的，我们总是和另一个反面的我们相互吸引。

查尔斯和凯西已经结婚五年了。对于镜像原则，查尔斯的理解有些消极。“如果我对这段关系感到厌倦了，其原因可能是我感到厌倦了，或者更糟的是我让对方感到厌倦了。”

的确，查尔斯说的没错，但他只看到了糟糕的一面，没看到好的一面。他所不知道的是，这样的镜像原则让问题变得更具体起来，光是嘴上说对这段关系感到厌倦，其实并没有击中问题的要害，问题依然还是问题。

幸运的是这些问题是由于你的内心，因此它们是可寻并能解决的。请记住不要总是让别人先认错先改变，也不要试图让别人成为你心目中的理想状态——真正要做出改变的是你自己。你要创造属于自己的命运，多想想问题背后的经验教训。也许有很多次，我们认为解决问题的唯一方式就是去摆脱我们的伴侣，但其实他们才是指引我们看清自身问题的明灯。这样说也并不意味着你非得保持一段不堪忍受的糟糕关系，只是在撇开伴侣之前，请问问自己到底问题是出在对方身上，还是自己身上，抑或是这段关系本身出了问题。

总是盯着别人容易让我们从真正的解决之道中分心，我们会忽略掉自己的问题。虽然常言说:“我内心没有一丝自己，装的全是你。”但事实上自我才是我们唯一可以掌控的。当我们将注意力集中于此时，情况会慢慢发生变化，这种迹象也许意味着关系发生了转机，即便毫无改善的迹象也无所谓，因为这说明当下便是我们离开的最好时机。不管出现了哪种局面，其实都是“内在机制”在起着作用。

有很多次，我们曾尝试询问别人是否需要爱，但都被他们不假思索的回答惊出了一身冷汗:“没错，我希望自己永远在谈恋爱！”或“才不要呢！爱对我来说就意味着要放弃工作，牺牲自我，而且还要取悦别人。”

第一种答案听起来很甜蜜，缺点是不太现实；第二种回答则显得相当令人不安。爱就意味着“巨大的牺牲”吗？当还未成年时，我们就通过观察和学习来模拟各种关系，如果此时身边围绕的都是人与人之间不幸福的关联，那我们对待爱和关系的态度就会被扭曲，而且会延续一生。

因此，我们需要审视身边的各种关系，并扪心自问：“我给予和接受的爱是基于童年时自己对爱所下的定义吗？我希望给予和接受的就是这种爱吗？这种关系是我真正想要的吗？”如果在我们的眼里，爱是痛苦且复杂的，那务必要找出原因。

如果我们认为爱意味着纠缠，那么很可能在年幼时我们经历过纠缠的关系。

如果我们认为爱意味着虐待，那么很可能在童年时我们就遭遇过虐待式的关系。

如果我们认为爱意味着分享快乐，那么很可能我们是在快乐分享的氛围中成长起来的。

如果我们认为爱意味着关怀别人，那么很可能关爱式的关系是我们孩提时代的主旋律。

不幸的是，有相当多的人认为爱其实就是控制或操纵，有时候甚至是憎恶。即便如此，希望他们也千万不要陷入这种由错误定义所引发的疯狂之中。为什么我们不能重新定义爱呢？我们可以创造那种我们希望拥有的关系啊！可惜能这样做的人太少了，大多数人一直被动维持着不幸的关系，寄希望于能有奇迹发生。但结局往往是，要么弃伴侣而去，要么问题一直得不到解决。

我们愿意继续保持这种糟糕关系的原因不外乎两个，其一，我们希望对方会改变；其二，我们从小就被教导说，每段关系都会变好的。但事实上你何曾听说有人跳出火坑后又复跳回去？而守着一位始终不肯承诺的男人对女人来说还有意义吗？徒劳无益的事还是少做为妙。

在一段让人感到挫折的关系中重复尝试，就如同在五金店里寻找牛奶一般，不管你沿着货架转了多少圈，牛奶依然是不见踪迹。如果你希望自己的周围充满了爱意、亲切和感动，但你所选择的那个人又无法为你提供这些，那么主动离开去选择你真正需要的人吧。别容忍别人玩弄你的感情、心灵和温柔；也不要用旧标准来衡量你的生活。你可以通过学着尊重自己和他人并忽略过去的老一套来改写规则之书，为自己找到一种全新定义的爱。这种爱不但是珍重之爱，伟大之爱，关怀之爱，同时也是相互之爱。无论如何，这些爱的定义都会伴随你一生。

除了定义爱之外，我们还必须学着爱得踏实。如果我们的关系是纯粹的，如果我们不再苛求爱意，如果我们认真领会了痛苦经历中的真谛，我们终会将我们的关系建立在施予之上，来自双方的参与和分享会如流水一般自由流畅。一旦这种关系固定下来，不再改变，你就会感受到爱的强大力量，你甚至无须计划、对抗、斗争、操纵和控制，永远不会再有“我怕自己控制不了他，他不会这样做的”或“如果我不做点什么，她就不会变成我理想中的样子”这样的局面出现。我们必须学着将我们的感受同对方分享，因为某些事情感到沮丧而与对方发生冲突也不是什么大不了的错误，但切记带着预期的对抗是一种操纵式的行为，分享、交流才是重中之重，只是为了获得我们想要的某种反应对改善冲突来说没有半点好处。

一旦我们依赖上期望与幻觉，爱就变得不那么真实了。让对方做自己，如果他选择离开，可能是因为他不得不离开。

朝不保夕式的生活状态表明我们陷入了一种“意欲安排生活”的局面。今朝幸福快乐，明日又开始苦恼：“20年后你还会在我身边吗？”是又如何，否又怎样？未来永远是难以预知的。

其实比起强调过去或未来，现时才是最难看透的。多年以前的错误行为，到现在我们依然耿耿于怀；不愉快的记忆总是会扭曲我们现在对他人的看法，即便对方道歉并洗心革面亦无济于事。我们被自己的思维定式套牢了，总是想着去惩罚他们或将过去的伤痛一一呈现于他们眼前。我们酝酿情绪，积累怨恨并搜集证据，准备对所爱之人来个一击即中。其实，如果我们总是沉湎于过去的伤害之中无法自拔，就说明我们爱他们的意图已然不在。与其恪守个人感受，倒不如受伤时对伤害我们的人怒吼一声，然后转身离开。

当我们不再陷入未来愿景的幻象之中，爱就会焕发其本质的活力和光彩，它会自由流淌，而不是像以前那样要我们指引方向。以前，尽管在指引之下，爱还是会走错方向；而现在，自由之爱将带我们走入令人难以想象的美好境界。

伴随一生的关系当然是可遇而不可求；有些可以维持到生命终结，有些能维持五十年，还有些只能维持六个月。有些关系在对方逝去时才得以完整；还有些则需要毕生时间才获得圆满。关系的长短，或者说它存在的时间，始终是固定的，它就是生活的简化版本。最终，我们应该思考的是每一种关系是否完整，如何能画下美好的句点。

就像觉得死亡意味着失败一样，如果一段关系无法持久，我们也会将其视为失败；同理，在我们的心目中，只有持续了九十五年的生命才能算作完整和成功的生命；只有持续到永远的关系才是完整和成功的关系。但现实是，即便只持续了六个月的关系，也可以是成功的，而且能治愈我们的心灵。关系有其存在的意义，当不再被需要时，它们便算是圆满且成功地完成了自己的职责。

可惜的是，我们总是认为关系不够圆满，不够成功。詹姆斯就是这样的一个人，他一直希望自己的每段关系都能很好地维持。他总是带着不确定的感觉去描绘自己的关系：“贝斯和我曾有那么一段，但两年前这段恋情终结。我觉得我们在一起就是个错误，我们的关系充满了挫败感。我受伤、愤怒而且悲伤，她也好不到哪去。一个月前，机缘巧合般的，我一连四天总是遇见贝斯的同事、最好的朋友等，他们都告诉我说：‘昨天晚上我看见贝斯了。’我心想这是不是暗示了什么，也许我该给她打个电话，也许我们之间的恋情不应该就这样结束。于是，我打电话约她出来吃饭。饭桌上，对于复合的可能性，我们一直闭口不提。相反，我们谈论了很多对方身上值得学习的优点，以及如何在下一段爱情中表现得更好。令人惊奇的是，那天晚上的交谈转变了我的看法，我再也不觉得和贝斯的那段关系充满了失败。相反，我觉得它很成功，很圆满。”

有些人在我们的生活里总是重复闪现，其原因可能是我们没有彻底断绝某段关系。只有完全结束，创伤才会痊愈。还有另外一种可能性是关系虽然结束了，但我们总觉得它不够圆满，于是我们需要在关系结束时做个最终的总结。总结其实很简单，有时候只是改变一下观点而已，学着对自己说，那段关系并没有想象的那样不完整或失败。

相互交往并没有错误可言，万物都会展现其最自然的一面。从偶遇到最后互道珍重，其间一起走过的日子便称之为关系。通过关系，在酸甜苦辣五味杂陈中，我们渐渐看穿自己的灵魂，抚平曾经的伤痕。在爱情中，当我们不再被惯性思维所束缚时，爱谁？爱多久？这样的问题都会被我们置于一旁。超越种种现有的束缚去追求上天赐予的神奇之爱，不为别人，只为自己。

04

失 去

人生无法重来，没有
失去就没有成长

伊丽莎白

一位心理学专业的博士正在因为痛失自己病重的祖父而陷入崩溃之中，祖父是抚养他长大的人。他说，这种崩溃的部分原因是去年他本该先放下学业，多陪陪祖父。但经过去年一年的学习，他的确学到了很多宝贵的人生启示，现在他正努力争取毕业。

我告诉他说："如果你真的想从学习中变成熟，你应该意识到上天已经给你安排了一堂关于生活的毕业课程，这堂课的名字叫失去。"

* * *

虽然我们最终会失去所拥有的一切，但真正重要的却会永远存在。我们的房子、汽车、工作和金钱，我们的青春甚至包括我们所爱的人，都只是暂借给我们的，我们只是代为保管。即便意识到这些事实，你也无须感到难过，因为在有限的生命之中我们会经历那么多精彩的体验，对这种失去，我们应该抱有感激之情。

如果生活是一所大学，那各种各样的失去就是我们在这所大学中要学习的主要课程。在经历失去时，我们也会感受到那些所爱之人——有时候甚至是陌生人——在我们需要关怀时给予我们照顾。失去时内心中的一处空洞，它可以唤起来自他人的爱。

离开母亲子宫的庇护后，我们降临人世。这是个现实而陌生的世界，饿了不一定有人喂，哭了也不一定有人哄。在这个世界里，有些东西经常是给了我们又被拿回去。长大后，这种事就更普遍了，友情没了，玩具没了，冠军没了，初恋没了，这失去的一切只不过是刚刚开始罢了。在未来的几年里，我们还要不断失去良师益友以及童年的梦想。

所有这些无形资产，包括梦想、青春和独立，都将最终褪色或结束，它们只是暂借给我们的。现实并非永恒，所有权亦是。试图寻求永恒总是徒劳，我们最终总会明白，“掌控”一切并不能保证万无一失。

也许这样看待生活会让我们痛苦，相比之下，我们更喜欢假装我们会永远拥有生命和生命中的一切，而对于失去的终极形式即死亡，我们总是避口不提。尤其当看到那些处于病危状态病人的家属，这种自欺欺人更让人感到惊讶。他们总是闭口不谈自己正在经历失去，也不想和病危的至爱亲人提及这些；医护人员对病人的病情也是尽量隐瞒。我们总认为那些生命快走到尽头的病人不会意识到自己的处境，这是多么短视的想法啊！我曾不止一次看到，那些重症病人对自己的家人口气严厉地说：“不要试着隐瞒什么，我知道自己快不行了。为什么要闭口不谈呢？你们难道没有意识到冥冥中会有个声音在提醒我吗？”

临终之人很清楚自己将失去的是什么，并且理解活着的价值所在。

大卫

有一天半夜，我从一阵剧烈的腹痛中醒来。痛到难以忍受时，我去看了医生，他给我开了一种抗酸剂，并嘱咐我随时注意观察病情。三天以后，疼痛愈发严重，医生决定给我做个检查。医生告诉我说，他需要确定我的胃肠道里是否存在异物。

等到结果出来的时候，在恢复室里医生告诉我说他发现了一处肿瘤，已经部分堵塞了我的上部肠道。

“是不是需要做手术？”我惊恐地问道。

“我做了一个活组织切片，已经送到实验室化验了。”他回答说，“下周一就能知道结果。”

尽管当时还不知道体内的肿瘤是良性还是恶性的，但我却一下子回想起我那死于结肠癌的父亲。在等待最终结果的那四天里，我如同遭受酷刑一般，我不断哀叹自己的青春年少、健康体魄以及多彩生活就快不属于我了。虽然最后的结果证明这一切只是虚惊一场，但那四天我所经历的失落感却是实实在在的。

对于贯穿于生活之中的失去，大多数人都持对抗和抵触情绪，其实他们没有认识到，失去是生活的一部分；没有失去的生活会一成不变，不经历失去的我们不会成长。有一句古老的犹太谚语是这样说的：如果你在许多婚礼上跳舞，你也会在很多葬礼上哭泣。这句话的意思是，如果你常有机会见证生命的开始，那么无可避免也会见证生命的结束；如果你朋友很多，你也将面临很多的失去。

如果你感觉自己正在蒙受失去的痛苦，那是因为生活对你恩赐太多。在生活中，我们经历的失去有大有小，从至亲的离世到电话号码丢失，如此种种，不一而足。有些失去是永恒的，如死亡；还有些失去只是暂时的，如出差时想念你的子女。当我们经历各种失去时，不论大或小，永恒或暂时，以下五个阶段将会是典型反应。假如你的孩子刚生下来就是盲人，你也许会感觉这是个巨大的损失，你的反应可能是这样的：

* 否认——医生告诉你孩子的眼睛不会跟随目标转动，给他点时间，等他再大一点的时候可能会好点。

* 愤怒——医生肯定早就知道了，他们没早点告诉我们！为什么上帝这样对待我们！

* 矛盾——等他再长大些，他也许就可以自己照顾自己了，说不定也可以去上学了，到那时候就好了。

* 沮丧——这太可怕了，他的生命被死死地限制住了。

* 接受——出现问题的时候，我们会替他解决。被爱包围，他会生活得很精彩。

再换一件比较微不足道的事情吧，比如说你丢了眼镜，在对待这种失去时你的典型反应可能会是这样的：

* 否认——不敢相信，我竟然将眼镜弄丢了！

* 愤怒——该死，我应该再细心点。

* 矛盾——我发誓如果我能再找到眼镜，我一定会更细心的。

* 沮丧——丢了眼镜我太伤心了，现在我还要去再买一副。

* 接受——没关系，今天不丢，以后还会丢的。现在我就去买副新的。

当然，并不是每个人在对待每次失去时都会经历五个这样的阶段，这些反应出现的顺序可能会有所不同，你也许会在其中的某个阶段挣扎得更辛苦些。不管怎么样，我们都会以各种方式经历各种各样的失去，并且我们会做出相应反应。失去的反复来袭使我们在面对生活中的不幸时，会有更好的心理准备。

在经历失去时，你的任何反应都是正常的。告诉别人说“你陷入否认情绪的时间太久了，现在是愤怒时间”，这种说法太不靠谱了，因为我们不知道别人用于疗伤的心路历程应该是什么样的。失去时，该有什么样的感觉就是什么样的感觉。失去会让我们空虚、无助、僵化、瘫痪、卑微、愤怒、悲伤和恐惧；我们会失眠或总是陷入昏睡之中；我们会食欲不振或者暴饮暴食；我们还会从一个极端跳到另一个极端，或者在二者之间徘徊。这些情绪或行为都是心理疗伤的一部分。

也许关于失去唯一的确定性在于时间，时间是治愈一切心理创伤的良药。不幸的是，疗伤过程并不是直线型的，它无法做到迅速平滑地使我们完整起来。它有点像是过山车——你奋力地向完整攀登，却突然又陷入了绝望之中；而表面看起来在倒退的时刻，不经意间你又向前移动了；有时甚至从一开始你就在倒退。这就是疗伤过程，这就是让自己完整起来的过程，也许失去的再也回不来了，但心灵上的伤痕总是可以治愈的。在生命旅程中的某些节点，你会发现自己无法以预想的方式去拥有那些你为之哀伤的人或物，但你将以另一种意想不到的方式拥有它们。

我们总是苦苦追寻生命的完整，我们希望可以将拥有的东西保持在一成不变的状态，但是我们知道自己无法做到这一点。失去是生活中最艰难的课程之一，我们试着安之若素，浪漫处之，但至亲之人或至爱之物离去时那种撕心裂肺的分别之痛确是我们所经历过的最艰难的事情之一。小别并不总会胜过新婚；有时候它也会令我们感到悲伤、孤独或空虚。

正如邪恶衬托善良，黑暗衬托光明，每一次的失去也会带来成长。这话听起来也许有些奇怪，有些难于理解，但它却是千真万确的；我们之所以总是被失去打击，就是因为我们没有真正参透这句话的深刻含义。

从那些孩子夭折于癌症的父母身上，我们可以深深地体味到这一点。一开始，这些父母总是说，孩子的离去让他们的世界坍塌了，这种感受我们可以理解；几年以后，有些父母会发现自己因为这种悲剧的发生,变得更成熟了。当然，他们并不希望失去自己的孩子，但他们的确看到了这种失去以某种他们所不期望的方式帮助了他们，他们意识到“爱过而失去，比根本没有爱过要好”。若换作平时，我们则会很少将这种爱过而失去的体验与根本没有爱过的体验相互比较。

在不经意间，我们很难发现这种关于失去的生命经历是如何令我们成长的，但在遭遇失去后，我们的确变得更坚强，更完整了。

* 人到中年，脱发不可避免，但我们会发现人的内在与外在一样重要。

* 退休时收入少了，但自由更多了。

* 晚年时行动不便了，但我们从前给予别人的爱现在一点一点反馈给我们了。

* 某天，当失去自己所有的财产时，我们会发现自己自由了许多，甚至可以轻松地到处旅游。

* 某天，一段关系结束，我们会认识到那个与他人无关的纯粹自我。

* 某天，当失去某些物品或能力时，我们才会发现它们是如此可贵。

伊丽莎白

当说到失去时，首先映入我们脑海的是那些生活中的重大损失，比如痛失爱人，亲人去世，家庭破碎或财产损失。但如果你能细细品味那些失去的经历，你会发现有时候生活中的小事也会变成大问题。如今虽然我的生活被限制在客厅里的一张病床和旁边的一把椅子上，但我依然感到庆幸，因为我并没有失去那些很多人认为自己理当拥有的美好事物。依靠着床头柜的帮助，我至少可以解决一些个人的生理问题。对我来说，如果不能依靠自己的力量去洗手间洗澡的话，那就是巨大的损失了。但现在，这些事情我还是可以独立完成，对此我心存感激。

* * *

眼睁睁看着至爱的人离我们远去实在让人悲伤到无以复加。以前曾听说过这样一则评论，说的是那些因离婚或分手失去爱人的人通常会意识到死亡并不是最终极的失去。在此提及这些无意冒犯任何人，只是想说明要同所爱之人分手的确不是一件易事，尤其是当对方还活生生地存在着，你却无法同他（她）分享你的喜怒哀乐，这种分离比永恒的阴阳相隔更让人痛苦，更难以解脱。对于死亡，我们总会找到一种新的方式让死去的亲人活在我们的记忆中；而对于分手，别无良方，唯有忘却。

从那些即将离开尘世的人身上，我们学到了一些关于失去的惊人事实。对于某些从死神手中被拉了回来的人，有些经历是独一无二的。在被抢救回来以后，首先，他们会觉得自己不再害怕死亡；其次，他们认为死亡脱去的只不过是个躯体，跟脱掉一件不穿的衣服没什么两样；再次，他们会牢记在濒死过程中所深刻体验到的完整感，那种与世间万物相通没有缺憾的满足体验；最后，他们告诉我们，他们从此不再孤单，因为总有人与他们同在。

伊丽莎白

一位刚过而立之年的男士告诉我，他的妻子突然离开了他。对爱人的离去，他感到无比震惊。他同我讲起了自己的痛苦遭遇，然后他看着我问道："这就是失去的感觉吗？我有很多朋友，分手的分手，离婚的离婚，他们总是神情悲伤地告诉我，他们受伤了，但那时我一点概念也没有，根本就体会不到那种感觉，也不会安慰他们。现在，我终于知道失去是什么滋味了。如果时光可以倒流，我希望能对那些朋友说：'对不起，对于你们遭受的痛苦，我感同身受。'

"不过经历这些以后，我觉得自己成熟起来，也变得更富有同情心了。将来，如果某位朋友正在经历这样的失去，我就可以挺身而出，帮助他们摆脱痛苦，远离悲伤，我会以过去不曾想过的方式帮助他们克服困难。"

* * *

这就是失去存在的目的之一，它会同化我们，帮助我们加深对彼此感受的理解，它会以独有的方式让我们彼此心灵相通。只有共同经历过失去，我们才会以全新的深刻方式去彼此关爱，彼此鼓励。

其实，唯一能和失去的痛苦程度相匹敌的经历是预知失去将要降临。病人们经常会说："与其这样窝窝囊囊地活着，倒不如死了干净！"或者："等待检验结果的那些日子真是生不如死。"

一对艰难复婚的夫妻抱怨说："离婚让我们痛不欲生，实在离不了的话，还不如尽早复婚呢。"

生活有时候会让我们挣扎在临界点上，我们也不知道失去什么时候会来。手术是否成功，检测结果是好是坏，所爱之人的病情到底如何，一切的一切，我们都在等待着。这种临界状态会持续几个小时，几天，几周或者更长时间，对那些孩子被拐跑或有亲人在战争中失踪的家庭来说，这种游离在希望与失望边缘的痛苦则会持续几十年以上，也许只有当他们知晓亲人必死无疑或幸运获救之后，这种挣扎才会彻底消失。当小肯尼迪的飞机失踪数天之后，所有美国人的心都提到了嗓子眼，从地方到州，再到联邦政府，大家竭尽所能找出事件的真相，因为人民需要一个交代。

徘徊在失去边缘也是一种失去。不管最终的结果如何，这种失去仍然是我们需要去面对的。

大卫

父亲的形象我一直记得很清楚：他脸庞英俊，眼睛炯炯有神，笑容和蔼可亲，手腕上总是戴着那块黑带的金表。在我的记忆中，表和父亲总是形影不离，它几乎成了父亲胳膊的一部分。父亲也知道我很喜欢那块表。

多年以后，父亲病危时，我就坐在他的病床边，泪水涟涟地看着他说："我真不知道该如何和您道别。"

父亲回答说："我也不知道该如何和你道别，但我知道自己到了该和一切说再见的时候了。昨天晚上，看着窗外的天空，我甚至在心里和星星们默默做着告别。我的表，也到了离开的时候，你帮我取下来吧。"父亲指着自己的手腕。

"不，父亲，您应该一直戴着它。"

"现在到了和它说再见的时候了，你戴上它吧。"

我只好轻轻地将表从他的手腕上退下，并戴到了自己的手腕上。当我低头凝视着它时，父亲说："将来有一天你也会和它说再见的。"

很多年过后，我一直记得父亲说过的这些话。就像当初伴随着他一样，现在，这块金表也一直陪伴着我，它如同一副苦乐参半的清醒剂，随时提醒着我生命只是暂时的。就在一个月前，我和朋友去健身房锻炼，等到晚上上床睡觉的时候，我才意识到我的表丢了。接下来的几天内，我四处寻找，却一无所获。

这块表代表了父亲和我的童年，面对这种失去，我不禁想起以前他对我说过的那些话。我知道自己总有一天会失去这块表，也许是油尽灯枯之时，或者是其他难以预料之事，我们所拥有的一切都只是暂时的，总有一天我们都会归还。渐渐的，当种种不可测的失去发生时，我开始习惯这种思维。因此，在表之外，我又发现了其他的方式去回忆我的父亲和童年。我又重新审视了父亲曾经教育我的那些话，的确，将来某一天，我也要和所有的一切作别。

三个月以后，有天晚上，我不小心打翻了床头柜上的一杯水，当我弯腰清理床铺底下的玻璃碎片时，却意外发现了丢失的金表，它就掉在床铺栏杆的后面。现在，虽然表又重新回到了我的手腕之上，但我真正意识到生活所赋予我们的所有礼物都只是暂时的。在与周围这一切道别的时候，我们终会发现，我们的内心才是真正属于自己永远不会失去的东西。

我们所拥有的事物之所以有意义，并不在于它本身的价值，而是因为它所代表的含义，这种价值背后的含义才是我们能永远保存的。

* * *

失去是复杂的，且极少毫无缘由地发生。没有人能预测遭遇失去后的反应。悲伤是一种个人化的体验，这种感受是矛盾滞后却又势不可挡的。

一次失去，或者是可能发生的失去，都会扰动很多人的生活：家人、朋友、同事以及那些看护病人的医疗专业人士。每个人都会受伤，即便是宠物也不例外；每个人都会感受失落，失落会使我们分开或彼此心灵相通。

研讨班上有一位女学员因为失去了自己的丈夫而倍感伤心，其实她的丈夫并没有去世，只是和她离婚了。令人感到惊讶的是，她说自己的婚姻问题竟是在丈夫与癌症搏斗期间慢慢现出苗头的。

“当时他正处于治疗的中期，那段时间我宁愿晚上不睡觉也要看着他，生怕他突然离我而去。”她平静地解释说。“那种失去他的想法死死缠住了我，让我身心俱疲。如果某天他突然停止了呼吸，我该怎么办呢？想着想着，我就彻夜无眠。我实在承受不了失去他的感觉。最终，我的精神崩溃了，带着内疚我选择结束这段婚姻。时光荏苒，从那时到现在好几年过去了，没想到他却挺了过来，活得健健康康的。从这次打击中我终于明白了，当所爱的人面对生死考验时，我们所有的注意力都要放到他们身上，关注他们的所做所想才是最有效的治疗手段。到现在我终于意识到当初我是多么自私，自私到只关注自己的感受、自己的恐惧，却从未想到问一句，‘嘿，我做得如何？’我不是病人，为什么在他病重时需要帮助的竟是我呢？于是我一直一言不发，直至自己最终崩溃。”

但遭遇死亡或其他不幸时，我们的悲痛明显受到了影响，我们会发现自己的情绪慢慢被愤怒和震惊所左右，我们愤怒于死亡，震惊于它的猝不及防。事实上，我一直觉得所有的悲痛都是一种复杂的感受，它很少表现得如同字面含义那般简单。

大卫

20世纪80年代，正值艾滋病流行的第一波。在这场大灾难中，爱德华失去了二十多位亲人和朋友。但在当时，他却觉得自己没有什么失落的感觉。“我爱他们，”他一遍又一遍地问自己，“但为什么我没有悲伤感呢？”

转眼间，十五年过去了。在这十五年中，爱德华一直心存不安，他不知道自己为什么会对至爱之人的离去毫无感觉。

终于，某天晚上，他突然从惊恐中醒了过来，然后就在家中疯子一般地翻箱倒柜，希望能找到几张关于那些离去亲人和朋友的照片。在那一瞬间，悲伤如同来势汹汹的山洪一般突然暴发了。其实关于失去的感受一直在爱德华心里暗暗积蓄着，只为等到他足够坚强足以应付时，才会一下子释放出来。

* * *

关于失去，每个人经历的时间和方式各不相同。平日里，我们总会摆出一副优雅的否认姿态。我们未曾感受只因时机未到，同时，情绪也在酝酿之中，它们会等待着我们做好准备。这种状态在那些失去双亲的儿童或青少年身上表现得尤为明显：等到成年并足以承受时，他们才会将当初的悲伤释放出来。

过去总是如影随形，悲伤往事常常会在不经意间跳出来咬我们一口。有时候是新愁触到了旧恨，待新愁发作时，过往种种随着一起涌上心头，失落感顿时就占据了我们的身心。

和 20 世纪 40 年代很多战时新娘一样，当年轻的莫琳从陆军部收到告知丈夫牺牲的电报时，她的世界坍塌了。

莫琳和罗兰德在大学时就是一对恋人，毕业后二人匆匆忙忙办完婚礼，丈夫就应征入伍了。几个礼拜之后，珍珠港事件爆发。在婚后的一年时间里，罗兰德受训成了一名战斗机飞行员，随后，他被派驻海外。紧接着，就是噩耗传来。

刚 20 岁就开始守寡的莫琳并没有消沉，她找了一份工作,开始了全新的生活。在罗兰德去世后的两年,莫琳再婚了。婚后的几年里，她养育了三个女儿，过去的一切似乎已经烟消云散了。虽然现在的丈夫隐约知道一些，但莫琳从未在他或孩子以及新朋友面前提起过罗兰德，而且家里也没有挂出前夫的任何一张照片，甚至和罗兰德的家人以及所有朋友都没有再联系过。五十年过去了；她的第二任丈夫因患病也去世了。两位夫君的先后离去，让莫琳的悲伤如泉涌一般，泪水和痛苦压得她透不过气来。为了缓解自己的悲痛感，她在起居室的墙上创作了两幅照片拼贴画：一幅是关于她的初恋，另一幅是她的第二段爱情。这样的创作最终使莫琳将这两份感情和曾经经历的失去进行了分类整理。

人们经常会因为失去所爱的人而陷入情感纠葛中，当所失去的对象令他们感到五味杂陈时，这种感受尤为明显，比如说父母的离世。缓解和释怀这份失落感的最主要阻碍在于不知道该如何去处理对对方的感情。“我的母亲对我太刻薄了。”一位女子曾这样说，“她简直就是一位暴君。她的死活我干嘛要关心？”

玛丽·雪莱的著名小说改编的电影《弗兰肯斯坦》中，弗兰肯斯坦博士虽然将生命赋予了一只可怕的怪物，但却无视怪物的喜怒哀乐，令他的一生都生活在痛苦和折磨之中。在电影的结尾处，当弗兰肯斯坦博士被害身亡时，这只可怜的怪物却落下了眼泪。当别人问起他为什么会为那个给他带来巨大伤痛的男人哭泣时，怪物回答说："因为他是我的父亲啊。"

我们悼念那些尽职尽责关心我们的人，但同时，我们也要缅怀那些没有将应得的爱给予我们的人。我曾经无数次地目睹过这样的一幕：医院里很多被毒打的孩子总是渴望着回到母亲的怀抱，但他们的母亲却因为虐待孩子进了监狱。也许，那些恶意待你的人会让你伤心不已，但在该为他们悲伤时，还是请尽情释放你的感情吧。对于这种有些另类的失去，我们也要花费时间去悼念，去经历。不仅如此，我们还必须承认，虽然逝去的对方也许配不上我们的爱，但失去本身是无法被否定的。

不管失去是复杂还是简单，我们的心灵都会以自己的方式慢慢痊愈。从来没有人能为这种痊愈过程确定一个截止时间，因为它是一个相当漫长的过程。悲伤是一种个人化的情绪体验，只要我们能宣泄这份失落感，将生活继续下去，我们的伤口就会慢慢愈合。

有时候急于克服失落感，反倒会给了它们卷土重来的机会。如果我们已经被失去所伤，第一要务是要找到保护自己的方式：学着超然，学着拒绝，在帮助别人克服困难的同时忘记自己的伤痛，或者学会自给自足，不需要别人施以援手。

伊丽莎白

吉莉安五岁的时候就被父母遗弃在一所孤儿院的台阶上。当时她年纪尚小，对发生在自己身上的悲剧并不是很理解。时光荏苒，如今的吉莉安已经成为一位开朗的中年妇女了,她心理健康,活得也很幸福。在谈起当年的不幸和阴影时，吉莉安告诉我说，在花费了生命中的大部分时光去治愈这种失落后，她逐渐意识到了一个更为严重的问题。“孩提时代的遭遇的确很不幸，但它已经过去了四十年了，等我长大成人以后，并没有别人遗弃我，相反，遗弃我的人是我自己。”

“为什么会这样呢？”我问道。

“比如说，我希望在周末的时候有人会打电话约我出去，但等他们真的挂电话过来时，我又不想接电话，或者在接电话的时候故意说自己有多忙。我不想让别人知道我有多么孤独，也不肯给他们约我出去的机会。即便有机会出去度假，我也莫名其妙地不想去承诺任何事情，结果假期就这样孤单地结束了，我总是为自己营造出一种无人关爱的氛围。”

* * *

为什么吉莉安会这样做呢？因为在潜意识中，我们总是不断提醒自己当年的失落感，以为将自己置于这样的情形之下便会让心灵痊愈。但事实上，正如吉莉安所意识到的那样，能让自己痊愈起来的最好方式便是关爱自己。“我已经四十八了，”她说，“我不再是当初那个被遗弃在孤儿院的小女孩了。童年的我是个受害者，但现在我长大了。能支配自己的生活，干自己想干的事情。”

即便是当年遗弃你的人，为什么就一定要对他们恨之入骨，连面都不肯见呢？也许是上天为了帮助你治愈失落感才安排了这一出。实际上，如果你能想到这一点，你的创伤差不多就已经开始愈合了。

但有时候，在治愈旧伤的过程中可能又添新伤。本意是为了对抗失去，没想却招致失去。如果通过与别人保持距离来让对方对自己敬而远之，这种做法本身就是一种失去。

一对已婚夫妇的关系正处于紧张之中。本来二人都想要个孩子，但妻子却不想这么早，原因很简单，因为她的父母以及祖父母都死于癌症。她觉得自己害怕会失去孩子，或者让孩子失去母亲。于是，我和她讨论了关于失去的恐惧感，我对她说，没人能预知未来，不管我们如何期望，失去总是不可避免，我们无法保证自己活在一个从来就没有失落感的世界之中。

如果家族癌症是可遗传的，她可以尝试去领养一个孩子。但是如果领养的孩子有其他遗传疾病怎么办？即便没有任何疾病，交通意外也可能会夺去他（她）的生命。

至于她自己，为避免患上癌症，可以进行预防练习，也可以从饮食和运动着手，或者频繁地去做检查。但即便如此，她还是有可能逝于意外。从来就不存在一个完全没有失去的世界。渐渐的，她开始意识到自己所恐惧的是可能性，而并非是必然性。只有勇敢地去承受这些偶然性，才能在这个不完美世界中茁壮成长。最终，她决定去生一个小孩，继续勇敢地生活下去。

这些两难情境本身似乎就构成一种失去，但实际情况远非如此，它们实质上是痊愈过程中的产物，同时也是对抗失去的部分良药。这种处境是回归完整并重新聚合的必经之路。

失去是种成人礼，它能使我们真正成熟起来，使我们成为一个真正的好朋友、好丈夫和好妻子。失去拥有在生活中横行无忌的权利，只有通过火的洗礼，我们才能成功到达生活的彼岸。

大卫

当我还是一个小男孩时，曾目睹母亲在出院时晕倒，当时这一幕让我感到无比恐惧，于是我请求母亲再回到病床上去。她低头看着我写满害怕的小脸蛋说:“跌倒，再满怀希望地爬起来，这就是人生。”

失去在很多方面和跌倒颇为相似。不管失去的是人或物，失去之中都包含某些共有的特性，即丧失平衡或误入歧途。只有经历洗礼，钻石才能被打磨光滑，我们才能得以升华，并重育新生。其实和家庭以及个人一样，社会也在经历失去。失去初期经历的是混乱，这是解体的阶段；混乱之后便是重新聚合。

* * *

克服失去要经历很多步。首先要感受然后承认失去的存在，淡然面对一切，在适当的时候解放自己的感觉。你会发现脱离痛苦的唯一方法是经历痛苦。对失去的认知过程不是在一朝一夕能够完成的，它通常需要花费几年时间，慢慢地，你会发现自己已经接受了这样的事实。

在旁观他人与死神博弈的过程中，我们会发现很多的象征主义情结。起初，你会发现他们拍了很多自己的照片，就像是在宣告，“我还活在这个世上”。随着病情的进一步加重，他们开始停止拍照，因为他们意识到即使是照片也无法持久：最好的结局是这些照片会被一代代地传下去。濒死者会发现，其实最重要的东西都藏在自己和所爱之人的内心深处。在它们的引导之下，我们会寻得自我和所爱之人永远不会失去的真实所在，我们甚至会明了生活中到底哪些才是不朽和永恒的。你所感受和给予的爱永远不会遗失。

大卫

某天深夜，我在医院的癌症病房里巡视病人。在那里，我遇见了一位护士。因为一位病人的离世让她备受打击，于是我同她聊了几句。“这一周已经有六位我看护的病人离去了！”她抱怨说，“我受不了了，目睹他们一个接一个地离去，感觉就像无底洞一般。我不知道这种日子什么时候才能结束。”

我问这位富有同情心的护士是否可以离开片刻，同我一起去散散步？在她还没有回答之前，我就一把抓住她的手，穿过一座桥，走到医院另一边的配楼。转过一个拐角，我们进入了妇产科病房，我领着她走到了玻璃隔板前，对面是刚出生的小宝宝们。当她看到这些幼小的新生命时，眼睛开始发亮起来，如同是第一次目睹这神奇的一幕。

“做好本职工作的同时，”我说，“你也需要常来这里看看，学着提醒自己，生活中不光只有失去，也有新生。”

* * *

即便在我们最深的失落感之中，我们懂得，生命依然在延续着。尽管所有的失去和结束如同暴风雨般朝你袭来，但新的开始却一直环绕在你的左右。痛苦中的失去似乎永远没有尽头，但生命的轮回却总是与我们一路相伴。充满同情心的护士终于意识到，虽然她的世界中只有离去存在，但她的工作却帮助这些生命得以圆满，正如那些初生的小生命一样，这些离去的生命也是多年以前从某个相似的托儿所迈出了第一步。

05

力　量

力量来自于了解自己。

卡洛斯在四十五岁时被诊断感染了艾滋病，但就在病情不断恶化的同时，他慢慢体会到了关于力量的真谛。“一开始我失去了工作，然后出不了门，还失去了保险。我住在收容所中，身体太差也没办法工作，我的生活如同噩梦一般。

“有一天，我去一家诊所做检查，医生告诉我，可以去报名参加一项医学研究。于是，我签下了一份合同，做完体检后，就开始等待。接连几个礼拜过去了，我病得越来越严重，但我总是在心里告诉自己说，挺住了，下个星期就会有消息的。那段时间，我不停地检查电话留言，看有没有人给我留什么消息，因为我的手机已经丢了。直到七个星期以后，我勉强步行前往诊所，当时我累得不行，几乎喘不过气来，只好一屁股坐到路边。我低头看着街道，心想，‘就这样了吗？我的人生就这样结束了吗？’

“其实，这并不是生活第一次向我发出如此严峻的挑战。

我出身贫寒，从小务农，直到十一岁才第一次穿鞋。童年生活中那么多的不幸都没有把我压垮，可现在……以前的那些勇气和决心都去哪儿了？我坐在街边，一边流眼泪，一边心想：‘老天啊，不要让我死于此时此地啊！我还没活够，我还想看到千禧年呢！’我一直梦想着能跨越两个世纪，但在那一刻，我全身的力量似乎被抽空了。

“我开始感觉自己的灵魂慢慢干枯了，生命也在慢慢流逝，我注定要死在这里吗？

“猛然间我醒悟了过来：我不是还坐在这里吗？我所有的力量真的就完全消失了吗？

“我试着站立起来，慢慢挪到了诊所。我对护士说，‘我的身体已经等不起了，我必须通过别的方式去获得一些新的药物。’

“看到我这样的态度坚决，护士将我安排进入了另一项已经开展的试验计划。也就是从那天起，我开始接受一整套新的药物治疗方案。现在，两年过去了，我的身体已经康复得差不多了，死亡也不再对我虎视眈眈。重获力量的那一瞬间，我永远也无法忘怀，如果没有那样的醒悟，可能我早就去见阎王了。”

至高无上的地位，巨额的银行存款，或者令人羡慕的职业并不是力量的真正来源。事实上，力量是内心深处的真实表达，是坚持，是真诚，是慈悲的外在表现。我们通常都不会意识到每个人的内心都拥有着宇宙般强大的力量。当环顾左右时，力量无处不在。自然很强大，例如一颗种子长成参天大树，或者太阳每天横越苍穹，这都是力量的表现。甚至，我们也能看到生命在人类繁衍中的强大力量，但我们总是错误地认为自己与这样的力量并不沾边。实际上，上天并没有将人和自然对立起来，让自然强大，人类弱小。人类的力量来自独一无二的知识架构，来自先天固有的思考能力，我们的力量存在于内心深处，这种力量与生俱来，如果某些时刻它不小心被遗忘在角落里，没关系，等你需要的时候你会重新找到它。

大卫·怀考特博士曾经讲述过这样一个故事，并以此来提醒我们如何寻找并使用我们的力量。他向我们描述了这样一条法律规定：如果某人拥有一块空地，而别人可以从上面随意穿越，那么这块地的所有者至少必须每年竖一块牌子，声明这块地属于私人所有。如果他不竖这样一块标识，多年以后这块土地将变成公有财产。其实，我们的生活便如同那块地，必须时常重申自我定下的界限，大声地宣布“不”，或“你伤到我了”，或“我不会让你这么利用我”。如果不这样的话，我们便是将自己的力量拱手让人，让他们有意无意地利用我们。你必须负责收回属于自己的力量。

已故喜剧演员杰克·本尼曾在一部著名的滑稽短剧中饰演一个臭名昭著的吝啬鬼，当一个持枪劫匪威胁他要钱还是要命时，吝啬鬼傻站了许久才说："让我再多考虑一会儿。"

我们通常会在财富与力量之间画上等号，我们相信金钱可以买来幸福。但如果某一天当我们意识到有钱却依然不幸福时，我们该有多么悲伤啊！其实自杀身亡的富人并不比穷人少，正如西格蒙得·弗洛伊德所说的那样，如果非要在富有病人和贫穷病人中选择一个可治愈的对象时，他会选择前者，因为他们再也不会认为金钱可以解决生活中的一切问题。当然，大多数人总是希望钱越多越好。但实际上金钱只不过是一种体验罢了，与其他体验并无二致，亦不见得更好。

一位聪明人对金钱和智慧了如指掌，因为在这两方面他都很富足,不过在遭遇金融危机时他破产了。当别人问他:"穷人就是这样吗？"他回答说："我并不贫穷，我只是没钱而已。贫穷实质上是一种思想状态，照此推断，我从来就不是个穷人。"

他说得没错，富有和贫困指代的是一种思想状态。一些人手里没钱却感觉很富有，而另外一些人虽然很富有却依然感觉贫困。贫穷意味着你思想的贫乏，这其实比不名一文要危险得多。倘若你觉得自己的思想缺少价值，最好忘记金钱的得失，只有这样你才能重获价值。思想丰饶是思想贫乏的反面，只有记住自己的思想财富，记住自己有多宝贵，我们才能不断提升自我价值，这才是真正财富的起点。有些人总是将某些外物视为珍宝，这并非有错，但前提是我们必须牢牢记住，比起可获取的外物，我们自身要贵重得多。

我们经常被建议说，只要做自己想做的事情，财富自然会滚滚而来。这话只是部分正确，事实上如果能做自己想做的事情，你所获得的生命价值感要比获得一辆“奔驰”高级得多。很多人直到临终之时，才会遗憾地说：“我从来没有追逐过自己的梦想。”“我从来没有干过我真正想干的事情。”或“我只是一个金钱的奴隶罢了”。却没有人会这样说，“我真希望自己能在办公室待得更久点”或“如果能多赚一万美元说不定我会开心得多”。

正如相信金钱会带来力量一样，我们认为支配别人和掌控局面也会给予我们力量。我们控制得越多，力量便会越强；我们必须控制即将陷入混乱的一切。当然，日常生活的确需要适度的控制，正如锻炼过度不但起不到健身的目的，反倒会出现很多问题一样，在这种时候我们不仅不会强大，反而会不快乐。如果我们不顾一切地去控制，生活质量只会变得越来越差，因为我们将精力都耗费在无谓的控制上。

相比那些无钱无权的人，拥有更多财富或更高地位的人可以更好地掌控自己的外部环境。这话的确不错，但对真正的力量来说却不适用，因为这些优势只能暂时左右外物。我们害怕失去的一些东西，如身体、工作、金钱和美丽都只是外部力量的象征。

当我们试图去支配别人和掌控局面时，我们只是希望他人能按照我们的方式去实现自身利益，但问题是“我们的方式”就一定是最佳的吗？为什么别人要以我们偏爱的方式去解决问题呢？为什么他们不能在所做的每件事上贴上属于自己的独特标签呢？只有放弃控制，承认我们无法控制一切，我们的人际关系，我们的生命才能变得更强大。人生不会因缺少控制而陷入混乱，相反它会因此而步入万物应有的自然秩序。

伊丽莎白

我曾经目睹过自然法则的完美呈现，但其呈现的方式却颇为不同寻常。

那天，我在纽约做演讲，来的人很多。演讲结束后，很多人排队等着我签名。我尽可能地签了一本又一本，但由于要去赶飞机，我只好抓紧时间多签几本，就很快地离开了。

等到我冲到机场，却发现航班推迟了十五分钟，我正好可以利用这十几分钟解决一下内急。等到我在洗手间里坐下时，却突然听到有人在隔壁问我："罗斯博士，介意我耽误你一会儿吗？"

我当时心想："这话什么意思呢？"

随后，一本我的书从洗手间的门缝下面塞了进来，还附带了一支签字笔，原来是要签名。

我抓起书没好气地回答说："我当然介意。"因为这意味着我不得不在厕所里多待上一会儿。但我还是很好奇，到底是谁会在这种地方追着我要签名呢？

原来是一位修女，她就等在门外，我语气相当不友善地对她说："我一辈子都忘不了你的。"这句话的潜台词实际是指，"你竟然连我上厕所也要打扰！"

没想到，她却回答说："我心存感激，因为这是上帝的眷顾。"也许是看到我迷惑不解的样子，她对我说："我会告诉你为什么我会这样做。"

可以说，她对我所说的每句话都是发自内心。我之所以憎恶这种局面是因为，"还有人敢以这种方式控制和操纵我！"但我终于意识到她的纯洁和不谙世事拥有多么巨大的能量。她说："在奥尔巴尼，我有一位修女朋友，她就快死了。她一直在数着日子，看还有多少天你会来纽约做演讲。她太想来听了，但因为病得太重根本来不了。我觉得自己应该为她做点什么，于是我来到了纽约，听了你的演讲还录了音，我把这本有你亲笔签名的书送给她。本来都快轮到我了，没想到你却离开了。虽然我拼尽全力想得到你的签名，但还是没成功。我心灰意冷地来到了机场，却意外地看见你进了洗手间，也许正是上帝将我们带到了同一个机场，同一架航班，在同一时间上了同一个洗手间，因此我觉得能在洗手间得到你的签名的确是一件无比体面的事情，你能理解我的感受吗？"

这位修女不知道演讲后我会去哪儿，也不知道我坐哪趟航班。当我们在洗手间偶遇时，她一定怔住了，其实有些事情并不需要我们去控制，在适当的时候它们自然会发生，一切必将水到渠成。世间无巧合，凡事天注定，这才是真正的力量。

＊＊＊

个体的能量是与生俱来的天赋，也是真正的实力所在，但不幸的是，我们常常会将它忘记，当然忘记的方式也是多种多样的。

我们常常会因在乎他人看法不知不觉放弃自己的力量，只有时刻牢记这是属于你自己的生活，你才会重新夺回属于自己的力量。你自己怎么想的才是最重要的事，如果你不能使他人幸福，无所谓，至少你可以让自己幸福起来。我们没有办法去控制他人的思想。回想一下十年前你刻意取悦的那些人，他们现在在哪？可能很多人已经淡出了你的生活；或者某些人还在，你还是设法去获得他们的认可，怎么办呢？我的答案是随它去，拿回自己的力量，我们要建立自己的观感。

个体的力量让每个人的生活有了伸展的空间，它使生活变得完整和体面。拥有力量意味着我们可以有力地支援他人——是给予而并非索取。这种力量从内部给我们以强大支持，你的有力会使我感受到自己内心的力量，当你因为可爱至极而让我禁不住以爱回应时，其实我也会发现爱就在我的心里。最终，这份信任会转化为对自己的信任。如果我觉得你不是可怜虫，那么我会意识到自己也并非弱小者。让这种善意扩展开来，发展起来可以造福众人，对他们保持信心，才能有信任自我的力量。

但我们毕竟是凡人，常常会迷失方向。当回顾以前所犯下的错误和不足之处时，我们会说："我之所以觉得不幸福，全都是因为以前犯下的错误。我的表现还不够好，我会尝试改变自己。"但是，殊不知这种只盯着错误和无能的短浅目光会把我们钉死在这些缺点上，我们会告诉自己说，"我以前'不够怎么样'，但从现在开始我要变得'更怎么样'"。因而这种"更怎么样"的危险游戏从此拉开了帷幕。我们总是告诫自己，当我们变得更有钱，职位升得更高，或者更受人尊重时，我们才会获得幸福感。

为什么同今天比起来，明天幸福起来或强大起来的可能性那么大呢？其原因在于我们是在用一场"更怎么样"游戏欺骗自己。实际上，无论怎么玩这个游戏，我们都会失去自己的力量。这种游戏会使我们总是处于一种饥饿的状态，总是感觉自己的表现不够好。当我们前进得不够远时，我们便会一直幸福不起来，因为我们意识不到其实简单才是快乐的源泉。

濒死之人无法玩这种贪婪的游戏，因为他们很可能就见不到明天了。但也正因为如此，他们才发现了属于今天的力量和满足。在上帝的眼里，那些置于我们身上以及生活中的缺陷都不存在，他会在当下就赐予我们一个更美好的生命，而非要等到将来。如果我们能这样想，阴霾会一扫而空，逆境可以变佳境，怨偶可重拾旧欢。

莱斯丽的女儿梅丽莎已经五岁了，有一天，母女俩正准备横穿购物街的一条街道，当时一辆乐声震天的吉普车闯过红灯正在变道左转，由于刺眼的太阳，只有十七岁的司机没注意到这对母女，直接冲了过来。在那千钧一发的时刻，莱斯丽看到了这辆发疯的吉普车。由于速度太快，她唯一能做的就是将女儿紧紧搂在怀里，等着被撞。最后关头，司机看到了她们，猛打了个转弯，连撞上好几辆停在路边的车，最后在离她们只有几英寸的地方停住了，这对母女已经吓傻了。年轻的驾驶员已经铸成大错，但莱斯丽却觉得无比幸运。

“事故也有可能以另外一种方式结束，就是我和梅丽莎倒在大街上。”那位如释重负的母亲说，“在这种紧要关头，生命的走向可能有很多种。等到我获救的时候，我几乎要跪下来感谢上天。从那天以后，我再也不把任何事当作理所当然。当我已经五十五岁的母亲打电话告诉我说，她做的乳房X光摄影照片非常清楚时，我不仅感谢她做了检查，也感谢上帝保佑了她的健康。生命的脆弱让我更懂得了感恩，这种感恩反过来让我的生命充满了意义和力量。”

懂得感恩的人必定也是充满力量的人，因为感恩会产生力量，生命的丰富多彩是以懂得珍惜为根基的。

感恩伴随着真正的力量、幸福和康乐。要为你所拥有的，为自然的一切而感恩；为自我，为不平凡的自己给这个世界带来的不平凡而感恩。一百万年的时间才造出一个你，你与这个世界的互动是独一无二的。如果你不知道如何去感谢现在所拥有的一切，你又如何能强大得起来？你也许永远都学不会如何去感恩，如何去获取“感恩的力量”，待到彼时，你也许会想，“婚姻换了，钱多了，房子大了，这还不够，我要的还不止是这些”。于是，你就这样带着欲求不满的心理行尸走肉般地活着，继续玩着永不满足的游戏，不会感恩，无法停止。

其实，我们真正要做的是把精神集中于自己的人生之路上，这样的人生之路将会带给我们比金钱和物质财富更伟大更辉煌的事物；我们要懂得知足，不要总是问自己“够了吗”，也许等到我们意识到已经足够时，人生之路也走到了尽头。

当生命得以“满足”时，我们便不会索求无度，随之我们便会获得一种久违的满足感。试着告诉自己：“这便是我要的生活，我知足了。”恩典和力量便会一齐降临在你的身上。如果我们懂得知足，不妄图控制一切，我们的生命就会尽情绽放。

虽然我们的内心强大无比，但很少人知道如何去运用它。真正的力量来自洞悉自我，洞悉世界。当我们觉得力量不够大，自我也模糊不清时，请记住，力量来自一种清醒的认知，即万物归其本然，人皆自由舒展。

06

愧　疚

选择爱或愧疚全在
一念之间。

大卫

桑德拉和希拉是一对好朋友。有一天，希拉告诉桑德拉她要结婚了，并邀请桑德拉当伴娘，桑德拉高兴得不得了。等到婚礼那天，桑德拉兴奋地开着自己的新车去接准新娘到教堂。这项重任本不是她的职责，但她却执意要揽下，因为作为伴娘要为新娘多分担一些。

天公不作美，等桑德拉把车开到希拉的公寓前时，却下起雨来了。尽职尽责的伴娘一手挽着新娘的婚纱，一手提着去度蜜月的行李冒着大雨上了车，当她准备回驾驶位时，却听到希拉说，“让我来开。”

“哪有新娘自己开车去婚礼现场的，不行！”

“让我开吧，”希拉坚持说，“这会让我从千头万绪的麻烦事中解脱出来，比如想到这讨厌的天气。

桑德拉只好把车钥匙给了希拉，让她来开车。教堂离公寓还挺远的，她们一边开车，一边谈论着婚礼的细节。天气越来越糟糕了，雨也越下越大。突然，车失去了控制开始侧滑，猛地撞到了路边的灯柱上，可怜的希拉当场毙命，桑德拉则多处骨折。虽然侥幸捡回一条性命，但桑德拉的心理受到了严重的创伤，即便到了现在，已经二十年过去了，一提起那天发生的事，她还是觉得撕心裂肺的痛。“如果是我来开车，”她自责道，“希拉就不会死了。”

在和桑德拉交谈的时候，我问了她几个问题：“如果是你来开车，你觉得希拉一定会没事吗？你那时已经知道要发生车祸了吗？你事先知道她会丧命吗？”答案无一例外都是否定的。

“问题是我现在活着而她却死了！”

很明显，桑德拉无法排解自己的内疚之情。我又问她：“如果可以使角色互换的话，你想要希拉对你说什么？换句话说，如果死的是你，而希拉还活在人间，你会对她说什么？如果事故发生的二十年后，你看到自己的朋友还活在内疚之中，你会做何表示？”

桑德拉思考了一会儿，然后流着眼泪说：“我想我会对她说：‘我要开车，我要对自己的决定负责。没有人强迫我这么干,这是我自愿的。我还会说,‘这不是你的错,事故已经发生,我不希望你在自责和内疚中浪费生命。’”

* * *

有时候,那些最悲惨的事就是不可避免地发生了,没人能预料,没人能阻止,也没人能一肩承担所有责任。孰生孰死,我们无法预知。桑德拉被负罪感所折磨,是因为她恨自己没有去开车,让她的朋友“替她死了一回”。其实,桑德拉早应该意识到,一个小小的决定所引发的后果并不是她所能掌控的,她原本也只是想让朋友开着自己的新车,更愉快地告别单身而已。

这种反应经常被称为幸存者的愧疚,但是这种愧疚感是没有逻辑基础的。二战以后,很多集中营中的幸存者经常会陷入这种负罪感。他们的心理状态引起了心理学家的好奇,于是,这种概念才引起广泛的关注。在目睹或经历了巨大的灾难后幸存下来的人们经常会表现出愧疚感,这些灾难包括大爆炸、飞机失事、车祸或者艾滋病等。而面对至爱之人的离世,哪怕是自然死亡,也会诱发这种负罪心理。尽管理解这个问题很简单,但要真正去解答它却颇为困难。虽然我们无法得到一个圆满的答案,但可以为这样的结局找到一个理由：逝者已逝，生者如斯。其实，真正的问题应该是：如果幸存的目的是为了生存，你有认真地活吗？

愧疚心理的根源在于自我判断，始终感觉自己做了错事。当我们违背了内心的信仰体系，便会将愤怒转向自己。大多数时候，这种令人不快的自我判断都要追溯到孩提时代所受的教育，罪恶感通常起步于童年，因为我们生来便是“堕落”的。“堕落”这个字眼乍听起来有些刺耳,但事实就是这样的，我们从小就学会了如何出卖自己，去换取他人的喜爱。我们总是被教育要做别人所希望的那种乖孩子，而不是养成自己独特的个性。独立与我们无缘，我们需要相互依赖，将他人的需要和生活摆在第一位，看他人脸色行事，忽略了自我。这并不是一种有意识的选择，只是因为我们不知道如何满足自需，寻得快乐。

这种相互依赖最明显的症状莫过于无力拒绝他人，为了取悦他人而一味满足他们的要求。很多父母会因为被自己的孩子拒绝而感到恼火，但实际上，孩子们选择在合适的时机说“不”是一种可喜的进步。在必要的时候，我们都应该学着尽早、明确且大声地将那个“不”字喊出来。

渴望取悦他人容易滋生愧疚心理，但这种心理的产生并非完全归咎于此。有时候，当我们试图去维护自己的独立性时，也会感觉到内疚。那些个性尚未完全成熟的孩子很容易产生这种心理问题，因此，父母需要帮助他们克服这种不良的愧疚心理。

伊丽莎白

玛姬不让她九岁的儿子斯科特去露营，因为他没有完成家庭作业，这让斯科特很恼火。其实玛姬也不想对儿子管教太严厉，因为四十岁的时候她就得了宫颈癌，而且癌细胞一直扩散到了她的肝脏。“我不希望看到斯科特不开心，”她对我解释说：“我们在一起的时间不多了。”

尽管玛姬希望母子俩能和谐相处，但作业与露营之间的矛盾纷争还是升级了，儿子火了，冲着妈妈吼道，“我真希望你马上死掉。”

这真是相当令人难堪的时刻，换作别人也许马上就会反击说：“别担心，你很快就会实现你的愿望。”但玛姬没有这样做，她只是轻声地回应道：“我知道这不是你的本意，我知道你因为生气才说出这样的话来。”

十个月过去了，现在的玛姬只能待在床上，她说：“我想给斯科特留下一份美好的回忆，我知道我的垂死挣扎会在他的童年留下一道伤疤，这已经够糟糕的了，我不想再让他背负上愧疚之情。我和他谈起过那次吵架的事，我对他说，‘斯科特，你还记得那次你说希望我去死的事吗？如果在我走后很长的时间内，这些类似的事情还会让你感到难过的话，请记住我现在所说的话：每个孩子都会发火，都会口是心非地说恨自己的妈妈。但我知道那些话都不是出自真心的，我知道那些话也让你的内心受到了深深的伤害。我不希望你因为年幼时的一些小事而感到愧疚，因为你让我感受到了身为母亲是多么精彩绝伦的体验，能和你在一起，我此生足矣。’”

* * *

我们中的大多数人都无法做到像玛姬那般明智，她看透了愧疚的起源和本质；并且很多人对于施加在孩子身上以及自己所背负的内疚毫无察觉。我们就这样带着内疚跨入了成年期，它经常回响在我们耳边，让人备受折磨却又毫无办法。

从某种程度上说，我们需要愧疚感。如果缺少愧疚感，社会便会陷入混乱，就不再需要红绿灯，我们开车时也会肆无忌惮，目中无人。

愧疚感是人性的一部分。愧疚有时候会成为一部指南；如果我们没有遵循自己的信念，或游离于诚实的界限以外，愧疚便会对我们做出指示。要移除愧疚，我们必须使信仰和行动统一起来。

大卫

今年同为五十岁的海伦和米歇尔曾经是二十多年的好朋友，但最近，海伦却对米歇尔很有意见，因为整整四年两人都没怎么联系，没说过几句话。海伦听不得别人提米歇尔的名字，一提就发火。她说："我在自家的地下室为她攒了四年的生日礼物，我不会将这些礼物送给她的，除非她主动创造机会。"

在各自经历了第二次婚姻以后，两人又成了名义上的好朋友。米歇尔的再婚在前，海伦也替她感到高兴，但觉得在自己心目中她的事情没有以前那样重要了；之后海伦也遇到了自己的第二任夫君，两位老朋友又各奔东西了。海伦本想打电话约米歇尔来参加聚会，但看她好像总是抽不出时间，海伦心想："我在地下室还给你留了那么多的生日礼物，米歇尔，我们真的要来一次聚会。"但想归想，愿望却一直没有实现。

后来，海伦查出了乳腺癌，当她回顾往昔的岁月时，这段破碎的友情重新浮上了心头。我问海伦为什么不把所有的生日礼物都邮寄给老朋友米歇尔时，她很生气地回答说："等见面再说。这几年我一直在创造机会，我都打过电话给她了，也告诉她我买了很漂亮的礼物准备送给她。"

我问这位愤怒的老妇人，在同朋友的疏远过程中是不是内疚感起了作用？她很快地回答："我没有感觉到内疚。"

我又问海伦是不是想让米歇尔感到内疚？"你为什么会这样想？"她反问我说。

"在我看来，"我回答说，"不管出于什么理由，米歇尔正在通过不与你相见的方式来结束或至少是改变你们之间的友谊。其实你应该直接面对这种局面，不要什么都不干什么都不说，礼物却越买越多。如果第一年这样还能理解，但之后四年都是这样就让人费解了。你应该早就意识到买那么多礼物一点作用都没有。"

"我觉得我们总会找到机会见面的。"

我问海伦每年买的礼物有什么变化没有，她告诉我说，礼物一年比一年好看；我又问她为什么要给那些完全没有兴趣接受礼物的人买这么漂亮的礼物呢？

她愣住了，似乎是在回顾过去，然后又愤怒地脱口而出："你不明白，这是米歇尔的错，是她不想和我见面。"

“有可能，”我激她说：“但是你买给她这些礼物难道不是想她感到内疚吗？礼物越来越漂亮，当米歇尔打开礼品盒时，你觉得她会有怎样的感受呢？”

海伦低下头，最后平静地承认：“我希望她会因为疏远我而感到内疚。”

“难道你不觉得她已经明白你的心思了吗？也正是因为这个原因她才不想和你见面。你能为她提供的已经不再是友谊了，这是一份愧疚的礼物。”

“我觉得自己应该冷静下来好好想想，也许有更好的解决方法。”

“把礼物寄给她吧。”

“不！”海伦固执地回应。

“要不把它们捐给慈善组织。”

“不，我做不到。”

“如果你希望能感觉好点，就让愧疚随风去了吧；不管是你的愧疚还是你想换取的愧疚。如果你抓住这些礼物不放，你的愧疚感就无法解脱。你之所以现在会有愧疚感是因为你曾想让对方感到愧疚。”

“让我再考虑考虑吧。”

几个星期以后，海伦打电话给米歇尔，这一次她没有说什么“有礼物要送给她”，而是向米歇尔道歉。米歇尔告诉海伦说，之前她真的觉得自己被这些礼物挟持了，不过现在好了，她终于轻松了。后来两个人又恢复了联系，并开始修复友谊，她们决定从头开始，海伦的礼物都送给了慈善组织。

* * *

愧疚连通着我们心底最黑暗的部分，它与弱点、羞耻和记恨紧密关联。自我之中最自私的那部分人格被愧疚所驱动；而愧疚的动力则源于懈怠和迟钝。当感觉愧疚时，我们会变得心胸狭窄，思维不活跃；之后便会陷入羞耻的包围之中。应付这种局面的方法是马上行动起来，同别人分享我们的感受。要知道，真实的自我不会受愧疚感束缚。

羞耻和愧疚总是天生的一对，愧疚的时间长了便会产生羞耻感；愧疚关乎的是我们的所作所为，而羞耻则关乎我们的所思所想；愧疚攻击我们的良心，而羞耻则鞭笞我们的灵魂。和愧疚一样，羞耻通常也扎根于我们懵懂的童年。当我们明白自己必须为犯下的错误负责时，羞耻感便开始茁壮成长。当我们的需要与亲人相冲突时，我们就会觉得自己肯定做了什么错事，开始对自己进行否定。在这种时候，痛苦、愤怒和怨恨都退至一边，我们只会对自己感到不满。

埃伦十五岁那年意外怀孕了，等到实在瞒不住的时候，她只好将实情告诉了父母。在内疚和耻辱的双重刺激之下，家里人把埃伦赶了出去，让她在外面把小孩生下来，而且准备将小孩送给别人领养。在生产的时候，埃伦坚持不打麻醉，因为她想“好好看看自己的孩子”。最后她的确看到了自己的女儿，但却连抱都没抱一下，孩子就被带走了。

如今，五十五年已经过去了，埃伦从一个活泼可爱的少女变成了白发苍苍的老人。她心脏不好，健康状况很差。“差不多该到说再见的时候了，”埃伦说，“我这一生就是这样了。唯一感觉对不起的人就是我那长女，当时我还只是个孩子而已，我不懂得这样做的后果。现在回头看看，我终于明白，当年那种惭愧感已经如影随形地伴随了我的一生。我经常会怀念我那可爱的女儿，我觉得自己的人生不够完整。但现在要去寻找她有点太迟了，而且显得很自私——也许她还不知道自己是被领养的。虽然年轻的时候不懂事，但我还是觉得自己应该做点什么，不要等死后将这份羞耻感带到坟墓里去，所以我偷偷给她写了一封信。”

当将来你读到这封信的时候，很可能我已经不在人世了。因为生命中缺少了你，也许我这一生一直过得不怎么样，大半生都活在内疚之中。当生命快走到尽头时，我已经别无他想了，只能给你写上几个字，如果你能读到，我便也死而无憾了。孩子，你要记住，不管生活怎样不公，也一定要想办法去过得完满，只有这样你的人生才会有价值感。我知道要做到这些很困难，早些年我也抱怨过生活的不公，但对你来说，生活才刚刚起步，来日方长，你总会找到生活的真正价值，虽不完美，但不枉你来世上走一遭。我想对你说，我真的很想你，不想与你分离。我希望你能过得很好，人生充满意义。如果真有天堂的话，我会在那看着你，保护着你，以尽我生前未曾尽到的责任。如果今生无法与你相聚，我盼望着能在天堂里再续母女情缘。

埃伦死后，家人在清理她的房间时才发现了这封信。当地的一家电台播出了埃伦的故事，几个月以后，一位女士来到了埃伦的家，说自己可能是她的女儿。在做了一些必要的检查之后，医生证实了她的猜测。

埃伦的故事告诉我们，懵懂时期就深藏内心的羞耻感会使我们更富有责任感，因此如果受到了不公正待遇，我们会从自己身上找原因；如果被羞辱，我们会觉得这是自找的；如果不为他人所爱，我们甚至认为是自己配不上这份爱。偶尔的感觉不好并不是什么坏事，它反倒对我们有益，恶人就从不会因为伤害别人而感觉糟糕。要看到自我之中最棒的部分，随时提醒自己，善良才是人格中的主流。

很多精神信仰系统将愧疚视为负面思维的一部分，认为它与上帝无关，是爱的反面。对于内疚感，我们的第一直觉是避开，因为它会引发痛苦。我们通过将这种感觉投射到他人身上来下意识地逃避。“为什么要我来承担这种感觉，这本该是你的错。”换句话说，如果不是因我而起，那肯定就是你的责任。但这种无谓的投射会让我们陷入罪恶感的死循环，无法解脱。

平静和愧疚是对立的，你不可能在感受平和的时候觉得愧疚。接受了爱与和平，就意味着你已经不再愧疚了；反之亦然：如果你无法摆脱愧疚，爱与和平自然会弃你而去。但这些都在于你的一念之间，爱也可以让愧疚感升华为平和。

一些人认为，在上帝眼中，人类无可救药，不值得爱。但等到生命快走到尽头时才发现，上帝对我们的爱是无条件的，在他眼中，我们都是无罪的。当然身为人类，犯错在所难免，这是人生体验的一部分，但罪恶感却可以将上帝和现实之爱从我们身上生生隔开。

愧疚和时间也是紧密相连的，愧疚总是来自过往，它是躲避当下现实的一种方式。愧疚会将过去带入未来，只有释放了愧疚感，你才能真正和过去说拜拜，去创造一个新的未来。

愧疚感需要排解，有些心灵课程就是一种很有用的方式。它不但可以让大家释放自己的愤怒，而且还可以彼此分享心底的那份愧疚之情。在那充满善意的氛围之中，人们自然而然地会放下心理负担。这有点类似于天主教徒的忏悔。告白会使我们卸下保守内心秘密的负担，使我们意识到自己依然是值得被爱的。心灵痊愈的关键在于宽恕，因为宽恕意味着看透过去，放手抛开。

宽恕可以清理和纯化罪恶感。也许你苛以待人，严以律己，但不管怎样，现在是抛开所有偏见的时候了。身为上天的子民,你是免于被惩处的。一旦你原谅了自己,宽恕了别人，愧疚感就不会再与你为伍。愧疚是暂时的，宽恕才是永恒的，若习得此课，人生之路才会得享真正的自由。

07

时　间

专注现在活在当下，
充分体验这一刻的生命。

我们的生活由时间所统治，我们活在时间当中，并且靠时间为生；当然，我们也会在时间中死去。我们相信时间的多寡由我们所掌控。我们不能买卖时间，但我们可以对其进行消费或透支。在我们眼里，掌握时间就掌握了一切。

今天，不管身在何处，你都能准确地知道时间。但在 19 世纪中期以前，我们只能依靠不太可靠的方式去测量时间。但后来铁路的出现对时刻表的准确性提出了更严格的要求，于是 1883 年美国和加拿大的铁路部门采取了一种我们一直沿用至今的四时区计时法。这种做法在当时被认为是颇为激进的举动，在很多人看来，划分时区和为时间定标准是对上帝的侮辱。然而到了今天，我们却把表和闹钟视为真理。在海军气象天文台甚至还有专为美国进行“官方计时”的“国家时钟”，但这台“国家时钟”实际上是一台电脑，它可以将五十台不同时钟的时间平均起来，从而计算出最准确的时间。

时间是一种很有用的度量衡，它的价值是我们赋予的。《韦氏词典》曾将时间定义为“在延续中相隔两点之间的间隔”。如果依此概念看，出生似乎是开始，死亡则意味着结束，但实际并非如此，它们只是一段延续中的两点而已。

爱因斯坦曾经指出时间并非是连续的，对观察者来说，它是相对的。现在，我们知道时间流逝的速度取决于我们是静止的还是运动的。如果我们乘坐宇宙飞船或飞机甚至地铁旅行，时间流逝的速度都会发生变化。1975 年，美国海军曾利用两架完全相同的时钟验证了爱因斯坦的理论。他们将一架时钟置于地面，另一架放在飞行的飞机上，飞机飞行了十五个小时，其间通过发射激光比较两架时钟的时间，结果正如爱因斯坦所预计的那样，飞机上的时钟时间变慢了。另外，时间的长短也依赖于感觉。想象一下，男人和女人在电影院里一起看电影，如果男人不喜欢那部电影，而女人喜欢，那么对女人来说，看电影的时间过得太快了，但对男人来说，跟度日如年没什么区别。实际上电影七点开始，八点五十七分结束，两个人所经历的时间都是一样，但为什么感觉差异如此之大？所以说，时间快慢因人而异确实存在。

我们会戴手表，还经常对时，只有这样我们才可以准时开会、吃饭、看电影或进行其他活动。校对时间不但使互动变得更轻松，而且能帮助我们保质保量地完成工作，更重要的是它还能让我们更好地交流和协调。但是当我们深入想一想，就会发现其实没必要对时间进行所谓的秒、分、小时、天、星期、月和年的设计。时间就是时间，它本身是不变的，我们每个人经历的时间都不一样，因为时间的价值取决于个人感觉。

如果把时间看作一道彩虹，我们按照相同的时间日出而作日落而息，那我们只能看到“时间彩虹”的某一种颜色。只有每个人以不同时序去生活，大家才能看到它所有的颜色。

时间流逝，万物瞬变。我们的内心在变，外形在变，容貌在变，自我也在变。虽然生活在变个不停，但我们却不喜欢变化，即便做好了应付变化的准备，我们在内心还是对它有所抵触；世界也在变化，我们无法阻止。而我们很难和它同步——它不是来得太快就是来得太慢。

也许只有改变才是我们永恒的伴侣，但是我们通常不把它当作朋友。改变让我们觉得恐惧，因为我们无法控制它，只有主动去改变时，我们才会欣然接受。大多数发生在我们身上的改变都会让我们觉得不舒服，甚至让我们觉得生命失去了正确的方向。不管喜欢与否，改变总会发生，和生活中的很多事情一样，改变并不是直接作用在我们身上——但它就是发生了。

改变意味着和过去熟悉的方式说再见，同时要面对崭新的生活。有时候，让我们心力交瘁的并不是新或旧，而是中间的过渡。《稻草纺成金》的作者罗妮·凯耶是一位乳腺癌患者，她曾两次侥幸从病魔手中逃生。她说："生命之中，一扇门关闭，另一扇门必将打开……但连接这两扇门的走廊走起来简直让人想骂娘。"改变就是这样发挥作用的，当一扇门关闭，一段故事结束，一份工作完成，一位亲人失去或死亡时，改变就开始了，随即我们进入一段令人不舒服的时间，这段时间颇为艰难。但是当我们觉得难以承受时，事情又会有转机：整合，重新投入，一段新的开始来临；一扇门渐渐打开。同改变做斗争，实质上就是和整个人生过不去，因此我们需要找到一种方式去拥抱改变，或者至少是接受它。

询问别人的年龄实质上就在问他们的人生时间位于何处，通过追溯过去我们试图为他人建立一个参照系，当我们确定了对方的年龄，同时也就确定了他可能拥有的记忆。年龄不一样，记忆中的往事亦不一样，有人知道马歇尔计划、加加林、登陆月球，也有人知道拨盘式电话、迪斯科或 DOS 操作系统。当记忆产生共鸣时，我们可能会一起哼出披头士的经典老歌来；当记忆被不愉快的往事所占据时，我会觉得你过去肯定是个裹在嬉皮风服饰中的傻瓜。无论在哪种情况下，我所看到的你都不是现在的你，通过将你过去的经历整合在一起，我对你做出了某种判断。

超越感知实际颇为有益。当听到“你看起来不像四十岁”这样的恭维之词时，有人会回应说“我这样子看起来就像是四十岁了”。在这段对话中，前者的潜台词实际是“你的样子不符合我的感知”；而后者的回答则是在无奈地指出，期望代替不了现实，四十岁就本该如此。

西方文化并不重视年龄，我们不会将皱纹视为生命的印记，我们要阻止隐藏和除去皱纹。告别充满活力与青春的青年进入中年以后，我们就不想再折回了，因为我们也清楚地记得年少时的迷惘和困惑。人到中年，对生命有了更深入的理解之后，便不会纠缠于周围的荒谬之事，我们懂得自我，知道自己想要什么。一旦经历了这些以后，即便拿青春年少来换，我们也断然不会答应的。等到拥有了此等人生智慧再回忆青葱岁月时，我们就会有很多不同的感受：也许那是天真无邪的岁月，但充满了无知；也许那是青春美丽的年代，但却充满了痛苦的不自在。年轻时的梦想到了年老时会变成遗憾，不是因为生命走到尽头，而是没有好好活过。如果充实地活过一生，你就能优雅地老去，这样的生命不会有遗憾。

你想活多少年？如果有机会让你活两百年或长生不老时，你能承受吗？这样想想就能帮助我们理解生命的真义。我们不想比我们的时光活得更长久：一直活在自己无法理解的世界且所爱之人皆已离去，这是多么空虚的事情啊！

伊丽莎白

一位男子向我讲述了他九十二岁老母亲的故事。“那一年，我带她回老家达拉斯度假。我们坐的是一架新飞机，飞机洗手间的门是用面板控制的。母亲习惯了带按钮的门把手，为了打开这种新式的门她老人家费了好大劲。

“等到了达拉斯，我们就住进了一家旅馆。没想到第二天一大早，旅馆里的火警就响了。等到我冲到母亲的房间外面时，就看见她穿着睡衣无奈地站在门外，看样子很生气。因为忘了把磁卡钥匙带出来，门被锁住了，母亲也不知道怎么去开门，就那样穿着睡衣站了老半天。度假结束后，母亲告诉我说：‘我真的再也不属于这儿了，我不知道怎么用微波炉，不知道看电视怎么调台，不知道怎么用卡代替钥匙开门。朋友们都走了，时光飞逝，我却落在了后面。’听到这些真是令人难过。如果换了以前，我肯定还觉得很难理解，但通过那趟旅程我看到了，对母亲来说，生活变得太令人沮丧，太复杂了。”

* * *

当我们抬头仰望茫茫星空时，实际上也是在回望过去，回望多年以前，当年那束光芒便是从遥远的星体发出，历经多年才抵达地球。

与人相处，我们亦有相类似的体验。例如，当年你对门的那个淘气小子即便今天已经长大成人了，当你看到他时，你不免还是要提防着点，因为过去他那种形象已经印在你的脑海之中了。

试问还有多少人在成年以后还是和年少时那样，将父母视为无所不能的人？也许今天我们所记住的不仅有他们强大的一面，也有他们糟糕的一面。例如不让我们理乱七八糟的发型，不让我们彻夜不归，不让我们懈怠功课。如果你今天刚遇见了朋友的父亲，你对他的印象会比你朋友对自己父亲的印象来得真实得多，因为你不会在这位当下的父亲身上再增加多余的定义，如果你朋友的父亲是位管道工，你对他的认知就只有管道工；如果他年龄很大，那么管道工的感知之外又增加了一位老者的形象；如此等等。总之，你会看到他的过去，但是角度却和你的朋友迥异。

对于凡间种种，我们都会有类似的反应。试想一位在贫穷家庭长大的孩子，对他来说，每天邮递员送来邮件的时候也就是他最难过的时候，因为这意味着父母亲又要愁眉苦脸地面对着一堆账单；而对另一个孩子来说，收邮件则是他最爱干的事，因为父亲经常会寄回支票，朋友们会经常邀请他参加生日聚会。现在，两个孩子都长大了，前者对于收到邮件还是会有莫名的焦虑反应，而后者则是带着幸福期望着邮件的到来。他们的感情与邮件的内容无关；透过邮件他们看到的是过去。

虽然我们认为没有人是一成不变的，包括我们自己，但我们还是习惯性地用老眼光去打量自己，把自己想象成幻想中的那个人。

昨天的形象绝对无法定义今天的我们，如果明白了这一点，我们的思想才会得到真正的解放。不要被过去所束缚，很多人清晨醒来梳洗打扮，昨天的污垢是洗去了，但昨天的情愫还是藏在心里。其实，完全不必要如此，如果能将注意力集中在当下，如果能直视生命的本源，我们就可以从头开始重新来过，我们完全可以做到一身轻松地去迎接新的一天。

我们无须把通往过去的回忆之门关上，既然已经过去了，那么现在是前进的时候了，记住要活在当下。

活在现实之中的能力并非人人都有，杰克就是其中一员。作为一个参加过多次马拉松比赛的长跑运动员，杰克看起来总是活在当下。不管到哪儿，他都觉得新鲜，即便那地方他已经去了无数次了；和别人说话时，他的注意力总是很集中，你会觉得他真是用心在听——他不会一边去考虑午餐吃过什么，晚上和谁约过会，或者要为电脑加上多少内存的人。对别人来说，杰克永远活在当下。

然而不幸的是，杰克患上了一种淋巴瘤，病情影响到他的双腿，引发肿胀，无法行走。杰克生病以后，他活在当下的品质却显得愈发显著了。每当你去拜访他，问他感觉如何时，都会看到他努力地调整身体看看自己能做什么动作。同样，杰克也会问你感觉如何，他就好像是在倾听你的生活，那一刻你会觉得和他不可思议的心灵相通起来。他不仅没有陷入对往昔荣光的纠缠不清中，而是活得更加乐观了。他知道自己该如何过好分分秒秒，而且这种生活态度也会感染你。也许当他问你“感觉如何”或“有什么新鲜事”时，你无法提供最准确的答案，但通过这些问题你可以好好地审视下自己。杰克不愿错过生命中的每一刻，在经历了春天的繁华以后，他的人生还在盛夏，而非深秋，亦非寒冬。

在和杰克这样的人交往过以后，你会开始懂得为什么你生命中的此时此刻总被过去和未来所掳掠，如果放手过去，你就不知道该如何活得更好，完整地体验当下了。杰克的生活法则告诉我们，如果你是位老师，和家人聊天时就不要想着明天该给学生上什么课，要全身心地投入交谈之中。只有这样，你才能既和家人共度美好时光，又不耽误工作，一举两得。所以，每一时刻都要好好去把握。

同依赖过去一样，我们也依赖于未来。有人是活在未来，有人在做着关于未来的梦，还有人对未来感到恐惧，但不管怎样，这些人都出离了当下。一个刚到五十岁的男人，因为患病而不得不离开工作岗位，精神压力导致他每天半夜都会在恐慌中醒来。他打开记事簿，看到的都是整页整页的空白，仿佛象征着他的未来没有任何希望。他说，他知道要面对病痛，就必须放下过去。但直到那天晚上他又一次发了疯似的翻开记事簿时才醒悟了过来，自己还要放下未来。他开始学着认识自己，学着和时间相处。他的第一步计划是抓住现实。例如，朋友们打电话过来问什么时候可以来拜访他时，他告诉他们说什么时候都可以。渐渐地，他开始感觉生命有了持续性。当探索得越来越深时，他意识到，即便时间不复存在，他的生命依然会延续。“人为设置的时间开始瓦解，”他解释说，“我强烈地感觉到自己是永恒的。我开始体会到生命所固有的永恒性，它实际上是不受时间影响的。”

时间的现实性在于我们不能确切掌握过去，也无法把握将来，实际上，我们甚至不知道时间是否就是直线进行的。

我们通常认为时间在后，而未来向前，时间呈线性连续。但科学家们发现，时间并不是一条直线，这意味着我们不必被困在过去—现在—未来这样死板的时间模式中。在非线性的时间中，过去、现在和未来也许都同时存在。

存在这种可能性吗？如果时间是非线性的，如果我们同时活在过去、现在和未来之中，我们的生活会发生改变吗？

大卫

弗兰克和玛格丽特结婚五十多年了，他们深爱着彼此，形影不离。当玛格丽特病重时，她说：“得病没什么，死亡我也并不畏惧，对我来说，最难以接受的事情莫过于离开弗兰克。”

随着病情的进一步加重，玛格丽特变得越来越不安，她为即将到来的永久分离而感到担心。去世前的几个小时，玛格丽特一直面向着坐在床边的弗兰克，因为没有服用任何药物，她的思维不但清醒，而且敏锐。她说："我很快就要走了，终于解脱了。"

"真不敢想象你是怎么熬过来的。"弗兰克说。

"别人告诉我说，你会在我将要去的地方等我，我到了那儿，你已经在了。"

然而，此时的弗兰克正坐在医院的病房中，他又怎么可能同时在天堂里等着他心爱的妻子前来呢？也许有可能，问题的关键在于我们是如何感知时间的。对仍活在人世的弗兰克来说，再见到玛格丽特也许要等五年、十年或二十年；但对玛格丽特来说，也许她去的地方根本就没有时间的概念，在她看来，弗兰克跟在她后面就来了。生者的时间总比死者来得更长久些。

* * *

当医生宣告病人的病情已经到了晚期时，他们开始觉得时间不够用了，他们害怕时日无多。从抽象回归现实，这是你第一次觉得时间有限。但是对医生来说，他真的知道你只能存活六个月吗？不管这种疾病的平均存活寿命是多少，你都不可能知道你什么时候会死去。你紧紧抓住那未知的现实，渴望知道你的生命还剩下多少时间。在这种生与死的考验之中，有些人的时间还未到就已经“死去”了，我们会认为这种生命是不完整的。实际上，除非某人活到九十五岁，而且他的一生又很伟大，我们才会承认他的生命是完整的，否则，我们都觉得活得不够。

贝多芬只活了五十七岁就去世了，但他所取得的成就是无与伦比的；圣女贞德就义时尚不足二十岁，但她直到今天仍然被人们铭记和崇拜；小约翰·肯尼迪死于三十八岁，虽然他从未参加过选举，但美国人热爱他胜过热爱很多美国总统。他们的生命不够完整吗？这个问题将我们又带回了关于生命的腕表概念，所有事物的价值衡量和判断都是人为的，我们不知道别人来到世上需要学习的人生课题是哪些，我们也不知道他们该成为什么样的人，注定要拥有多少时间。这种想法可能很难接受，但现实就是，没有一个生命是早夭的，当迎接死亡那一刻来临，我们的时间就到了，就这么多了。

人生最大的挑战就是完整地经历当下，这个短暂的瞬间包含所有的可能性，幸福的可能性，爱情的可能性，永远不要浪费这些微小的可能性，不要仅仅抱着对未来的无比憧憬而忽略了当下，只有把期待抛在一边，我们才能活在神圣的当下。

08

恐　惧

恐惧无法阻止死亡，
却会阻碍生命。

大卫

1991 年，演员迈克尔·兰登去世，那一年他的儿子克里斯托弗·兰登才十六岁。在父亲去世以后，克里斯托弗向我说起了丧父之痛和自己内心的恐惧感：

“你也看到了，父亲的离世对我造成了巨大的打击。回想以前，他是那样的开朗、迷人且睿智，优点简直多得数不过来。可能有些优点在公众面前并没有展现出来，但在我的心目中，他近乎完美。

“父亲的去世是我一生中最重要的大事，这件事改变了我的人生。我从小就很内向、害羞，总是有不安全感。在大人物的宠爱之下长大，就好像一直活在他的影子之中，但有一天，这个为你遮风挡雨的影子突然消失了。

“父亲去世以后，当我的恐惧感渐渐退却以后，我才对死亡有了大致的了解。当所爱的人离开人世时，你才会与死亡发生最直接的联系。贴近死亡，你才能减轻对死亡的恐惧感。父亲临终前，我一直和他待在一起，可以说我和死亡亲密接触过。对我来说，死亡是真实的，有形的，且不那么让人害怕的。父亲去世以前,我对很多事情都害怕,但父亲走后，我的恐惧感慢慢消失了。比如我以前很害怕坐飞机，一坐飞机我就神经紧张，父亲也常笑我胆小。父亲离世以后，这种恐惧竟平息了。起初连我自己都没意识到这一点，但渐渐地我开始做一些出人意料的事情，我变得自信起来，甚至有种无所不能的感觉。

“以前，每次过十字路口的时候，我总是退退缩缩，不敢向前，我害怕自己像个傻瓜一样站在路中间。

“父亲走后，我开始意识到未来不可预料，人生路上充满着各种各样的挑战，如果抱着以前横穿马路那样的态度继续生活的话，怕是什么难关也过不去。这样想着，我对未来便不那么恐惧，开始变得有信心了，我甚至觉得脚上的鞋子都比以前穿着舒服了。我也不害怕坐飞机了，我出国去英格兰读书，远离家人，也远离了舒适和安全区，但我的人生之路算是迈出了一大步。我已经学会了如何将自己融入复杂的社会之中，所以我深信：伤痛会在不知不觉中让人成长起来。”

* * *

尝试接受一些挑战，克服恐惧；尝试走得更远，自由地追逐梦想，跟随渴望；尝试让自己自由地去体验爱意，在交流中寻得充实。若能做到这般，你的世界将会没有任何恐惧存在。听起来有些不可思议，但生命之中能体验的东西委实太多，只有当我们不再被恐惧感扼住时，才有可能体验这些。有一个全新的外在世界和内在世界等着我们去发掘，在那里恐惧无法立足。

从基本层面看，恐惧同时也是一种能使我们受益的警报系统。如果深夜行走在城市的某个危险区域时，恐惧便会警告我们要对各种不测抱有警惕之心。在可能发生危险的时候，恐惧是一种有益的信号，它相当于一个保护装置，缺少恐惧的保护，我们将危在旦夕。

但是在没有实质危险的时候也容易经历恐惧，这种恐惧是人为的，是虚幻的。这种恐惧的感觉虽然看似真实，但却没有现实基础。然而，就是这些恐惧让我们在夜晚惊醒，让我们的生活偏离常态。它看起来毫无目的，毫无怜悯之心，一不留神它就会麻痹我们，削弱我们的斗志。恐惧其实是由几个单词的首字母所组成的，这几个单词构成了这样的一句话：看似为真的伪证（False Evidence Appearing Real）。过往是这种恐惧的基础，且会引发对未来的新恐惧，这种虚构恐惧的存在目的只有一个：它要让我们学着去选择爱。它们是灵魂要求成长和痊愈的呼号，它们是可以重新选择的机会。从现在开始，尝试改变，用爱取代恐惧，以现实替代幻象，让今天超越昨日。在本章之中，我们所要讨论的恐惧就是指这些虚构出来的恐惧，因为它们会使我们的生活失去价值。

如果能发现克服恐惧的方法，如果能利用好如此之多的人生机会，我们就能过上梦想中的生活。在这种生活中，我们有判断的自由，不再恐惧别人的眼光，不再退缩，会活得更自在。

伊丽莎白

凯特是个五十多岁的妇女，精力充沛，她曾和我谈起自己的孪生妹妹金。她说："十年前，金被诊断患上了直肠癌。幸运的是，病情还没发展到晚期。但在当时，金的患病让我倍感震惊，我觉得如果失去了她，整个人的一部分也就死掉了。作为一对双胞胎姐妹，我们不仅对彼此的生活了如指掌，而且近乎心灵相通。早在癌症袭来以前，我就曾目睹过恐惧是如何阻碍我们姐妹俩的生活，现在回头看看，真的可以一件件数得清楚。

“在夏威夷度假的时候，我和金都想学草裙舞，但害怕出丑没有学成；我们在一家餐饮公司工作了十年，本来一直想自己开家餐馆的，由于怕这怕那，思前想后也没开成；我离婚以后，我们姐妹俩又想去出海巡游，但觉得能力不够，害怕出事，又没去成。

“现在我们的生活完全变了样。过去我们总是恐惧这个恐惧那个，但自从金生病做了手术以后，我们经历了人生之中最大的恐惧。如果这样都能撑下来，还有什么好怕的？我现在终于明白了，我们所恐惧的大多数事情并不会发生，这些事情与现实通常没有太多关联。”

* * *

生命为我们带来的大多数事物都不是以恐惧和担忧为前提的。我们的恐惧感并不会阻止死亡，但却可以使生命停顿。不管是否知道并愿意承认，我们的生活注定要和恐惧一直抗衡下去。恐惧是阻碍所有事物的阴影，它将我们的感情、幸福和本质都置于阴暗之中。

一个寄养家庭的孩子是在养父母的虐待之下长大的，有一天这个男孩子听说自己要被送到一户好人家去，那里条件更好，收养他的一对夫妇人也很好，有属于自己的单独卧室，甚至还有一台电视。但即便如此，男孩子还是哭着喊着不去新家。虽然他明知道现在住的地方情况很糟糕，但这种糟糕的局面他已经习以为常了，再说去新家也会有很多未知的危险。男孩子在恐惧之中生活了如此之久，以至于竟看不到没有恐惧的未来。

其实我们都和这个孩子有点像。在恐惧中成长，我们能看到的也只有未来的恐惧。看看本地晚间新闻插播的小广告："为什么你吃的食物可能存在危险！""为什么你孩子穿的衣服也许不安全。""为什么今年的假期可能会让你送命——请看晚间六点的专题播报。"

这些令我们感到恐惧的事物中有多少是真正会发生的？其实我们所害怕的与我们将遭遇的本没有太大的关联。真正的现实是，我们的食物是安全的，孩子穿的衣服也不会突然起火，度假还是充满了乐趣。

但我们的生活还是经常被恐惧所统治，于是保险公司就把宝押在我们大多数人身上。他们知道那些永远也不可能发生的灾难会让很多人无法安心，他们赢了，每年几十亿美元的保费流进了他们的腰包。其实问题的关键并不在于我们不需要保险，而在于其中的胜算，尽管会遭遇一些风险或者偶尔被绊倒，但我们还是热衷于参加一些富有挑战性的体育活动和商业活动，因为我们知道，幸存甚至成功的可能性非常之高，但还是有不少人认为概率总是对我们不利的。当下，我们最大的挑战之一便是尝试去克服这些恐惧，摆在我们面前的机会很多，我们需要学着如何去把握它们。

大卫

虽然从被诊断患上了艾滋病到现在已经三年了，但特洛伊还是觉得自己挺幸运的，因为他基本没怎么得过因艾滋病而引起的并发症。特洛伊的身体状态相当不错，可在精神上已经被恐惧压垮了，他的生活中充满了大大小小的各种恐惧。“以前的恐惧可能没到那么糟糕的地步，”他解释说，“但也让我觉得生活开始陌生起来。自从得了艾滋病以后，我更是一蹶不振，就好像所有的恐惧联合了起来，将我的生活彻底摧毁。

“幸好还有维森特，他是我的好哥们，一直在帮助我。他总是让我坚强点，战胜恐惧。他对我说，站出来面对它们，把恐惧当点心吃了，你就会发现其实它们没什么可怕的。

“听了他的话，我当时心想：‘站出来面对恐惧，还要把它们吃掉？难道得了艾滋病还不够可怕吗？’结果，我只顾着和他去争论了，他的话我一句也没听进去。除了我自己，难道还有人比我更知道自己对于恐惧的感受吗？不是我吃它，而是它简直要把我活吞了去。

“后来有一天，我正在上班的时候，维森特的一位同事跑过来找我。他说他的妹妹杰姬得了艾滋病，医院都不愿收治她，现在一家人都不知道怎么去帮她，他问我能不能施以援手。我说我要考虑考虑之后再给他回电话，等他走后我就给维森特打电话寻求建议。维森特说：‘这女孩子太需要帮助了，你可以去试试。’我问他那女孩子病得怎么样，他说她快不行了。”

“当听到维森特说这话时，一股寒气从我身体里蹿了出来。我问他说，‘是不是因为我快死了，所以大家都觉得我去照顾她最合适不过了？’

“‘不是的，’维森特说。‘因为大家都认为你可能是对艾滋病最不恐惧的人。’

“‘天哪，’我当时心想，‘他们绝对是找错人了。’

“我可不能做这样的保证，我太害怕了。维森特提醒我说，如果我不想去就不用勉强，但他觉得我应该去看看那女孩子。我自己也觉得，都怕了这么长时间了，还不如向前迈一步呢！

于是我下定决心接下这个任务。

“我让维森特和我一道去那女孩子的家。等我走到她家门前，却又觉得抵抗不住内心的那份恐惧，想转头就跑，于是我说：‘维森特，对不起，我真的做不来。’

“他说：‘没关系，那我们就回家，打电话和他们说清楚。’

“但是我又一次鼓起了勇气，直接敲门进去，把恐惧都扔在门外，看看到底谁怕谁！这样想着，我果真就不再害怕了。

“进了门，我看到那女孩子坐在轮椅上，身体浮肿得不成样子。她遭遇过两次中风，已经说不出话来了，不过一双褐色的大眼睛依然炯炯有神。我看着那双眼睛，觉得里面盛满的全是恐惧，她好像在说：‘我快要死了，我很害怕，我怕自己会孤独地死去，我怕身边一个人都没有，我怕所有人都会离我而去。’那简直就是我内心恐惧的另一个版本！我看着她，沮丧极了。我闭上了眼睛，在心里对自己说：‘站起来，从今天开始面对自己的恐惧。’

“我必须拉这位陌生的女孩一把。后来，我发现女孩的父母在自己女儿患病以后，竟然选择对她不闻不问，他们只想把她丢给别人，让她活活等死。虽然女孩也有几个朋友，但她们也没办法经常来探望她。于是我接下了这份任务，每天下班以后来看望她，和她成为好朋友。虽然我的本意并不是为了驱赶自己的恐惧，但我真的做到了。渐渐的，我爱上了这个女孩。

“最后她又住进了医院，因为怕得厉害她要我也跟着去。她临死那天，我去了医院，她的父母也被叫了过来，但他们只敢待在候诊室。我坐在女孩的身边，看着她那双褐色的大眼睛，告诉她说，我就陪在她的身边，她的恐惧我能感觉得到。刹那间，一股从未有过的强烈感情蹿进了我的脑海，脑子里似乎有个声音在说：‘勇敢地站出来，恐惧无法打倒你。’于是我告诉她说，‘我抓住你的手，我会一直待在这里，直到你去了另一个世界。在那里，有人也会握着你的手，杰姬，那里没有恐惧，永远都没有恐惧。’

“她就这样走了。我看到她的头慢慢歪向了一边。

“因为女孩死于艾滋病，所以竟然没有人愿意替她收尸。于是，我在一位护士的帮助下，把杰姬的尸体放进了裹尸袋，运到停尸房。我累坏了，但我不愿别人插手，我宁愿自己来也不想让那些厌恶她的人靠近她。这是我一生中做过的最艰难的事，我一直在心里对她说：‘别害怕，杰姬，别害怕。’”

特洛伊用爱战胜了恐惧。在善良面前，恐惧瞬间瓦解。这就是你击败恐惧的方法；它永远不是爱的敌手。恐惧的基础其实空无一物，只要站出来勇敢面对，它便兵败如山倒。

* * *

生活中有很多让我们害怕的事情，比如公开演讲，比如约会，甚至有时候我们连承认自己孤独的勇气也没有。有时候，对这些感觉不闻不问反倒是最好的处理方式。的确，恐惧狡猾无比，善于把自己裹得严严实实的，剥开一层还有一层。等到剥开最后一层，你才算到了恐惧的最深处，那里是其他恐惧依赖的根基所在——那是对死亡的恐惧。

比如，你现在对手头的策划案感到异常担忧，在将恐惧的外壳剥去以后，你会发现下面的恐惧是害怕自己表现不好。再下去则是恐惧的连续层：害怕得不到晋升，害怕失去工作，最终害怕活不下去，这种害怕的本质就是对死亡的恐惧。对死亡的恐惧潜存于对经济和事业的恐惧之下。

再比如，你想把某人约出来，但又觉得胆量不足。这种恐惧的底层是怕被拒绝的恐惧，再向下深究，你又会发现其他的恐惧，例如，担心对方不是你心仪的对象，担心自己的形象不够吸引人等，如果你不被对方认可，是不是也会痛苦得不想活了？当人们准备不足时，“我觉得自己还不够好”就成了最基本的恐惧。为什么有人会默默无闻地站在派对的角落里，不和别人交谈呢？因为他们害怕自己的表现不够好，谈吐不够得体；还有一些人虽然风度翩翩，漂亮动人，引人关注，但他们也在恐惧，他们也担心做得不够好。

这一切恐惧都可以归为死亡的恐惧，这也是大多数人不幸福的根本原因。因为恐惧，我们会在不知不觉中伤害我们所爱的人；同样，因为恐惧，我们会使自己的生活和工作陷入低潮。所有恐惧的源头都根植于对死亡的恐惧，因此，学着放松这种恐惧感可以让我们无比轻松地面对一切。

濒死之人要面对的即死亡之恐惧，但他们不会害怕，因为他们知道这种恐惧已经没有对他们施压的能力了。濒死之人不会担心恐惧，但对其他人来说，这种恐惧则是异常真实的。

如果有一种魔法能直达你的内心，为你拂去所有的恐惧，你的生命将会有何不同？好好想想吧。如果没什么能阻碍你去追逐自己的梦想，你的生命也许就会大不一样。濒临死亡使我们最深的恐惧直接浮现在我们面前。它让我们看到完全不同的生命，并将我们的其他恐惧感一同带走。

很不幸，随着时间的推移，即便恐惧消失了，我们也变得太虚弱或太老，没办法做以前那些想做而不敢做的事情，心底那份隐秘的激情，真正喜欢的工作，或者立志要实现的理想，都被岁月和病痛无情抹杀了。如果这些梦想得以实现，即便年华老去，病魔缠身，亦无所畏惧，因为我们已经没有遗憾了。因此，趁我们还有能力去追求梦想，赶紧把恐惧抛在脑后，别让生命只完成了一半就宣告结束。

为了超越恐惧，我们必须以爱为踏板。

幸福、焦虑、欢乐、愤恨——情感的分类多种多样，但最核心的情感只有两种：爱和恐惧。所有积极的情感皆来自爱，而消极的部分则来自恐惧。从爱中会涌出幸福、满足、平和以及欢乐；而恐惧只会带来愤怒、怨恨、焦虑和内疚。

爱和恐惧是两种最基本的情感，但如果更准确点，我们可以说只有爱或恐惧，因为两者不可能同时存在。它们天生便是死敌。如果我们陷入恐惧，爱就会远去；而当爱环绕在我们左右时，恐惧便无立足之地。回头看看自己的生活，可曾发现有爱与恐惧共存过？当然不可能。

因此，我们需要做出抉择，中立立场是不存在的。如果不积极向爱靠拢，你就会发现自己被恐惧或由它所衍生的负面感情所占据。生命中的每一刻，我们都需要做出这样的抉择。尤其是在某些困难情境之下，例如当我们爱之承诺受到恐惧的挑战时，我们更要做出正确的选择。

即便选择了爱，也并不意味着你就不会再遭遇恐惧了。实际上，这种选择只意味着你大部分的恐惧都会被治愈，这是一种持续的过程。就像进食会让我们更饥饿一样，在选择依靠爱以后，我们也可能会变得更加恐惧。为了让灵魂得以滋养，为了让恐惧消失于无形，我们需要不断地选择爱。就像特洛伊对杰姬的照顾一样；他通过选择善良，选择帮助需要帮助的人来压制恐惧。这并不意味着他的恐惧就不会再次袭来。无论何时，当恐惧回归时，即便是特洛伊，也依然需要爱的庇护。

虚构的恐惧不是涉及过去，便是联系未来；只有爱才在当下。爱发生在唯一真实的当下，因此爱才是唯一真实的情感。恐惧的根基在过去，同时又让我们对莫名的未来感到害怕。于是，活在当下便意味着活在爱中，这就是我们的生活目标。学着爱自己，用爱充满自己，驱走恐惧，朝着上述目标迈进。

伊丽莎白

很不幸的是，大多数人的生活都被恐惧填满了，就像乔舒亚一样。三十五岁的乔舒亚是一位制图艺术家，为印刷厂工作，算是自由职业者。他一直在研究艺术，梦想成为一名画家，但为了生计，他大部分的时间都花在了设计商业卡片上。

这位年轻人一直雄心勃勃，但却总是害怕跨出第一步。“我就是这样，”他坚持说，“我就不是那种成功型的。”

我和乔舒亚就这个问题展开了讨论，我试图厘清到底为什么他会缺乏自信。事实上他并没有经历过特别严重的挫折或羞辱，只是从大学开始到现在，他都没真正画过画，因此他才会有那样的想法。关于过去，关于未来，前前后后我们聊了很多，不经意间我们甚至聊起他父亲的去世。“父亲有很多愿望，但生前都没有实现，我和他一样，都是失败型的。”

随着交谈的渐渐深入，我开始意识到乔舒亚的父亲没有实现自己的理想并没有什么明显的原因。

“为什么说你父亲是‘失败型’的？”我反问他，“他有残疾？无法与他人相处？不聪明？还是说经常失败？到底什么妨碍他去追逐梦想？”

乔舒亚思忖良久，最后才说：“其实跟这些都没什么关系。父亲聪明能干，与他人相处融洽，想干什么都能成功，但他就是不去尝试。他总是说：‘我们家的人做事总是不成功。’我甚至记得父亲临走时，还想着和儿时的一位老朋友取得联系，他们已经有二十年没见面了。但最终这个愿望也没有实现，因为他觉得时间太久了，那位老朋友肯定已经不太记得他了。”

乔舒亚一下子就沮丧起来，他继续说道：“我知道他的话是什么意思，和他一样，我也总觉得自己不够优秀，没办法画好画，只能做做卡片什么的。”

其实，年轻人的问题并不在于职业，问题的关键在于觉得自己不够好，没办法抓住机会全心全意地去追求梦想。我问他，如果不再感到害怕，他会干些什么，最好能与众不同点。他说他会去绘画班报名学习。

这正是驱走恐惧的第一步。“能这样想说明你和父亲的确不一样，不是吗？”我问他。

他想了一会儿，然后回答：“是啊！父亲是带着恐惧走的，我可不想和他一样。”

乔舒亚抓住了赋予自己生命全新意义的机会，这样的生命恐惧无法涉足。也许他会成为一名有成就的画家，也许他不会有什么大作为，只是简单地享受绘画而已，但不管怎么样，他的生活都不会再与恐惧为伍了。

* * *

活着的人有可能会死去，这只是可能而已，但对濒死的人来说，死亡则是摆在眼前的现实。他们是如何去面对这必死的命运呢？他们承受了更多的风险，因为他们已经退无可退了。在生死边缘挣扎的病人会告诉你说，在意识到自己怕无可怕、一无所有之后，他们会寻得不可思议的幸福感。的确，为生命带来太多不幸的并不是恐惧本身，而是我们所恐惧的对象。恐惧惯于乔装打扮，愤怒、防卫或自满都可能是它的化身。我们需要用智慧来和恐惧斗争。试着每天迈出一小步；从那些让我们恐惧的小事做起，如果不敢挑战，等于是给了恐惧蓄积能量的机会。学着利用爱和友善的力量去克服恐惧。

当面对恐惧时，同情可以帮助你发掘心底的爱和友善。因此，当你再度恐惧时，试着召唤同情。

身边有人生病，你怕传染就躲得远远的，这样的话恐惧永远也没办法克服，学着去利用自己的同情心，别被恐惧吓倒。

如果你停滞不前的原因是因为害怕自己的所作所为不够完美时，就把同情心赠予自己。假设你现在正在准备一份报告，你的想法很新颖很独特，但却不敢向老板展示。你也许会想：“我怕他会不喜欢这份报告，我准备得不够好，搞不好就要被炒鱿鱼了。”如果你把注意力都集中在这些恐惧上，恐惧会生长并扩大。但是如果你将同情置于己身，你就会觉得自己已经尽力了。重要的是，这份报告是你用心准备的。如果你是担心老板的反应，就从他的角度考虑考虑，他只是尽他所能努力做好自己的工作。在任何情况下，只要善用爱和同情，恐惧就会被驱散，被融化。

如果因为彼此陌生，所以聚会时就不敢与他人交谈，那么请记住一点，聚会中这样的人多的是，他们连一个人都不认识，没人和他们交谈，他们害怕极了，宁可偷偷溜回家。时刻提醒自己，他们和你一样，都需要人同情。学着去同情他们和自己，让同情赶走你的恐惧感。渐渐地，你会发现自己可以更轻松地接近别人。

其实我们每个人的内心都藏着不同程度的恐惧，如果能意识到这一点，生活中的同情就会越来越多，而恐惧则会越来越少。不管对方是老板，是病人，还是什么社交常客，他们在本质上都没什么区别，他们都会恐惧，都需要别人的同情。

如果你的生活充满了恐惧，那你就不是在真正地生活着。你脑海中的任何思想都会产生两种可能，它们要么会巩固你的恐惧，要么就会放大你的爱。爱会自我扩张，会发展出更多的爱来；恐惧也会生长，尤其是当它隐藏起来时。而且恐惧时去做某件事也会创造出更多的恐惧来。

事实上，尝试去做最恐惧的事时，真正的自由可能才会出现。从山巅来一次飞跃，你能体会到的肯定是生命，而不是死亡。有时候，带着对恐惧、担心和忧虑的敬重，活在安全之中的生活其实是最危险的生活。不要让恐惧成为你生命中永恒的一部分：让它滚蛋，或者至少带着对它的藐视去生活。只有这样，你才能重新回归安全的生活之中。你可以学着不加犹豫地去爱，不带戒备地去交流，卸下防卫地去关爱他人。

一旦将恐惧驱除，我们的生活便是崭新的，最终爱将取代恐惧。正如海伦·凯勒所说过的那样："对于生命来说，要么去无畏地冒险，要么就是一无所获。"在经历了恐惧的历练以后，我们的生活将会到达新奇的新境界，这是一种足以超越梦想的生活，这种生活没有恐惧。

09

愤　怒

学习更坦诚地表达愤怒。

美国中西部地区的一家医院里，一位在急诊室值班的护士接到调度员的电话通知，说有五位情况危急的病人已经被推进医院了。由于其中一位病人还是护士的丈夫，于是原本就紧张的形势一下子更加复杂起来。尽管医生和护士尽了最大的努力，但无力回天，一个也没有救活。

到底是什么让他们命丧黄泉？房屋倒塌？车祸？飞车射击还是火灾？

其实都不是，真正的元凶是愤怒。

事情的起因是这样的：在乡下的一条公路上，一辆汽车正准备超越另一辆车，但驾驶员执意不让，于是两辆车齐头并进，互相卡位。他们全都怒火冲天，没有一个人看到朝他们迎面撞过来的第三辆车，于是悲剧就这样发生了。

护士的丈夫正是其中一个愤怒的驾驶员。

彼此互不想让的两个人本素不相识，以前从未见过面，本没有理由对对方如此愤怒。但在那一刻，怒火压倒了一切，原因很简单，争强好胜。侥幸活下来的另一位司机将会受到指控。

愤怒所导致的这场悲剧让三个家庭顿时陷入绝望。一些执法人员认为，在当今美国，交通事故的最大诱因便是愤怒。

可能大家都会有这样的体验，开车的人就是很容易上火，但幸运的是，很少有人会遭遇如此极端的后果。然而，像上面两位司机那样任由愤怒不断累积，则的确会对生活造成很大的负面冲击。我们必须学着以健康的方式去表达愤怒，只有这样，我们才能保证不被它主宰。

愤怒是一种自然的情绪，在自然状态下，它一般只需几秒钟到几分钟的时间来发展。举例来说，我们在电影院排队买票，有个人突然插到我们前面，很自然，我们对他或她的愤怒要持续一分钟时间。如果通过表达来自然地感受到愤怒，或让愤怒消解，那我们很快就会没事。但是如果我们不适当地用爆发或者压抑来表达愤怒的话，愤怒就会积累，问题也随之出现。这时候，事情很可能会发展成一种让人更为愤怒的局面。

被压抑的愤怒并不会凭空消失，它在等待着机会重新释放。如果那些刚有点苗头的愤怒之火我们没有处理好，它会烧得越来越旺，最后冲向某个错误的方向。那两位司机可能本就一肚子气，正好又遇上这种事，于是怒火瞬间爆发，汽车追逐战演变成一幕你死我活的人间惨剧。

累积的愤怒还会引发其他问题，有时候即便伤害我们的人愿意承担其行为带来的后果，被怒火填满的我们也会觉得不够。如果对方向我们道歉，虽然我们觉得道歉是真诚的，但内心的愤怒却还在延续，这就是过去压抑的愤怒，它会在意想不到的时候以各种不同的方式一次又一次地爆发出来。

很多人的家庭生活准则是任何愤怒的表现都是错误的；而另外一些人则来自完全不同的家庭，在这种家庭中，一点点微不足道的事情都会升级成为暴怒。对我们来说，要表达这种自然的情绪很可能并没有什么学习的好榜样，这其实也没什么好惊讶的。我们通常不会探讨如何去应付愤怒，而会质疑它是否正当，我们会将它放错位置，我们会想尽一切办法和它斗争，但就是没有想到要去好好感受愤怒。事实上愤怒是一种正常的反应，在特定的时间和地点，适当的愤怒是有用的。例如,很多研究表明,愤怒的病人寿命会更长久一些，但这种长寿是否是因为感情得以发泄或因此而得到了更好的照顾，我们不得而知。我们所知道的是，愤怒会转化为行动，并帮助我们去控制周围的世界。同时，愤怒也会帮助我们设置合适的生活界线，一旦越界，愤怒、侮辱甚至暴力都将是有用且健康的回应。

愤怒作为身体最重要的警报系统之一，我们不宜不分青红皂白地压抑。如果我们正在受到伤害或需求没有被他人回应，愤怒会对我们发出警报；在很多情形之下，它是正常且健康的反应。另一方面，和内疚一样，愤怒也是一种信号，它预示着正在发生的某些事情与我们的信念不一致。间或愤怒是有益于健康的——它有时候是我们对问题的一种情感处理方式。通常我们会害怕自己的愤怒，并一味地予以否认，其实我们并没有真正意识到愤怒。

愤怒也不是一头吞噬我们的可怕野兽。它只是一种情感，过分地去分析它或追问它是否正当并不能驯服它，这样做只能让我们怀疑这种情感产生的合理性。愤怒只是一种需要去感受而非去判断的情感。和所有其他情感一样，愤怒是一种交流的形式，它会带给我们交流的信息。

不幸的是，很多人听不到愤怒带来的信息。我们常常不知道如何去感知愤怒。当处于愤怒之中的人们被问到“你有什么感觉”这样的问题时，他们有时候会以“我认为……”这样的方式开始回答，其实这就是用理智回答情绪的问题，它来自我们的思想，但并非是发自感觉。

我们必须学着用身体去感知这些感情。虽然有时候做起来很难，但这种做法却很有好处。试着闭上双眼，以手抚胃。这个简单的动作能帮助我们和感觉取得联系，其原因可能在于情感利用的不光是大脑，还包括我们的身体。在现实世界上，有很多人对这种概念一无所知：他们忘了如何真切地去感受自己的身体。他们试图将思想从情感中分离出来，他们认为思想才是主宰一切的，这种惯性的认知使得他们忘了自己的感情和身体。试着回忆一下，曾经有多少次你是用“我认为”这样的句式作为开头的，而“我觉得”你又用过多少次呢?

如果我们没有正确处理自己的伤处，愤怒会告诉我们。伤害代表了疼痛，而愤怒则会因疼痛而挥之不去。一旦伤害累积，又没有正确处理时，愤怒就会在我们内心生长。当伤害累积得越来越多，就很难一一理清了——最终，甚至连愤怒也面目模糊起来。我们变得越来越习惯带着这种感情去生活，以至于认为它就是自我的一部分。我们开始将自己视为坏人，而愤怒是我们身份的一部分。因此，为了避免这样的局面出现，我们必须通过记住自己的优点和自我排解愤怒感，着手将陈旧的愤怒从内心分离出去。

对别人发火的同时，我们也会对自己感到愤怒，因为做了错事或后悔有些事情没做。之所以觉得愤怒是因为我们感觉背叛了自己，试图去取悦他人。没有满足自己的需要时，我们也会愤怒。表面上是因为“对方”没有给予我们应得的东西，但我们没有意识到的是，当自己没有满足自己的时候，我们也会对自我产生愤怒。有时候我们过于顽固，不愿承认我们的需求，因为在这个社会，需求就等同于懦弱。

当我们将愤怒按在心底时，它常常会以沮丧或内疚的感情形式表现自己。愤怒从内部改变我们对过去的印象，并扭曲我们对当前现实的看法。所有这些过去的愤怒都会变得没完没了，我们生气的对象不光是他人，还包括我们自己。

如果我们压抑自己的愤怒，责备他人，责备自己，这样的做法无疑等于是从一个极端跳到了另一个极端。我们没有让愤怒自然地去表现自己，也难怪我们会觉得愤怒是种负面情绪，会觉得那些大喊大叫的人脾气一定很坏，但是为什么我们不学着也去发泄一下呢？难道叫喊一番就意味我们不够平和或被愤怒控制了吗？

大卫

已故演员安东尼·帕金斯的遗孀贝瑞·贝伦森·帕金斯

是一位非常有魅力的女人，她优雅时尚且热情的混合气质会让你在瞬间就放松下来。尽管如此，在贝瑞柔弱的外表之下却隐藏着难以言表的悲痛。不过幸运的是，在遭遇生活的不幸时,她选择了勇敢地面对。这些不幸她从未公开表示过，但听说我在写这样的一本书时，她告诉我说："我觉得应该把我的生活经历同所有人分享一下，这样可以让别人也得到帮助。"

她说："每个人都有自己独特的方式去舒缓悲伤。但最重要的方式莫过于和情绪去对话，为内心的愤怒寻找一条出路。虽然很多人嘴上会说'我也曾经历悲伤'或'我已经排解愤怒'了，但实际上他们根本就没有经历过你所经历的那种困境，我觉得那是我一生中最艰难的经历。

"首先，我需要承认这样一种现实，即每天的大部分时间我都处于愤怒之中。没有人帮助我抚养孩子，我很生气；很多过去有人代劳的事现在要我亲自去处理，我也很生气。现在回头看看，我开始意识到其实自己是对托尼的去世感到愤怒，因为他抛下了我们。这是一种潜在的愤怒。那时候我就是觉得自己整天怒气冲冲，但不知道根源在哪里。

我觉得自己要把愤怒摆在台面上，给别人看也给自己看。我希望有一天它会完全离我远去。我觉得一个人如果越勇敢地去面对愤怒，愤怒就会离开得越彻底。我试着给托尼写信，做很多工作，并以此引导自己的愤怒，为它指明方向。

同样，将自己内心对他人的好感表露出来也很重要，只有这样，你才能平衡自己的愤怒，不会一天到晚沉浸在怒火之中。托尼的死令我们不仅感到震惊，而且还很迷茫。我们试图压抑愤怒，但愤怒却演变成沮丧。我很爱他，我真的不想去责备他，但心里就是忍不住。

我经历了太多，对愤怒看得太透彻了。大多数已婚夫妇偶尔都会经历愤怒。虽然如此，但我们总是尽量避免愤怒的争论，不希望说出一些伤害他人的话来。我们彼此表面谦让，对很多会引起愤怒的话题小心翼翼。如果不敢面对愤怒，就很难拥有宽恕之心。释放越多的愤怒，你就会拥有越多的宽恕之心。”

* * *

未经处理的恐惧会演变成愤怒。当我们同恐惧失去联系——或当连我们自己都没有意识到自己恐惧时——害怕就会成长为愤怒。而若我们对愤怒听之任之，它就会升级成为偏激。

相比于恐惧，我们更习惯和愤怒打交道。对我们来说，对配偶说出“我对你很生气”这样的话来总比说“我怕你会离去”要来得更轻松；因为错误而愤怒地抱怨并不是什么难事，若要主动承认自己不够好则更为不易。

几个月前，安德鲁准备在一家咖啡馆里和自己的女朋友梅勒妮碰面。但因为事先约定的咖啡馆没说清楚位置，结果导致两个人去错了会面地点。安德鲁等了梅勒妮三四十分钟，却没看见人，最后只好在她的电话里留了言，然后就回家了。“我想肯定是有什么误会，大家才没碰上面，我觉得我们应该再约一次。”安德鲁解释说，“可梅勒妮不这样想，她对我非常生气。她一直觉得是我故意把她撂在那里，我让她很失望，通过这件事她觉得我不可靠。我一直试图向她解释，我们约的咖啡馆根本就不是同一家，结果才出了这样的岔子。”

在安德鲁看来是个简单的误会，但到了梅勒妮那里却变成了令人恐惧的绝望，这种绝望似乎在暗示她：安德鲁是个不可靠的人，以后肯定还会让她失望的。在这场纷争之中，梅勒妮掺入了很多的怒气，这些愤怒之火可能是旧伤遗留下来的，这让她无法看到现实的本质。

因为无法直视愤怒之下的恐惧感，梅勒妮将安德鲁描绘成了一个无法信赖的人物。更不幸的是，她只迈出了第一步——愤怒的第一步。所有人都很擅长迈出这第一步：“你没在那儿让我很生气”“你迟到了，我很气愤”“你工作表现不好惹恼了我”“你的话让我很愤怒”。但我们真正要学的是第二步，即发掘内心的深层恐惧。以下是一些很有帮助的暗示线索：

* 愤怒：你没在那儿我很生气。

* 底层的恐惧：你没去那儿，我害怕你会抛弃我。

* 愤怒：你迟到了，我很气愤。

* 底层的恐惧：在你心目中，我没有你的工作重要。

* 愤怒：你工作表现不好惹恼了我。

* 底层的恐惧：我害怕我们会挣不到钱，没办法付账单。

* 愤怒：你的话让我很愤怒。

* 底层的恐惧：我害怕你再也不爱我了。

虽然强调愤怒比面对恐惧要来得轻松，但这对解决深层次的问题毫无帮助。实际上，这种做法通常只能使“表面”的问题变得更糟糕，因为他们对愤怒的反应并不很妥当。朝别人大喊大叫很少能让他们乖乖承认自己错了，他们会说：“都朝我吼了快十分钟了，可我还是觉得自己没错。即使再骂二十分钟，我也无法理解他们的想法。”

甚至当我们真的很害怕时，太多的愤怒不仅帮不到我们，反倒让我们内心的那些恐惧在别人看来更无关紧要。举例来说，总是指责同事迟到了并没有太大用处，相反如果你对她说，“事情很多啊，不来早点恐怕是做不完”，因为没有被你的愤怒所伤到，所以她对你的恐惧会有认同感。

忍住怒气会消耗很多的能量，如此会让我们承受染黑灵魂的痛楚。临床医学家兼作家达芙妮·罗斯·金玛曾创办了一间工作室，专门为那些陷入离婚纠葛中的人提供辅导。金玛说:“我曾接待过一位地位显赫却又为人尖刻的女士，她给我的印象太深刻了，我一辈子也忘不了她。这位女士已经七十多岁了。当时我想，‘她来这里寻求什么帮助呢？难道她现在还要离婚吗？’屋子里有很多人聚在一起，每个人都在诉说自己的故事：为什么会来这里，夫妻之间有着怎样的矛盾，怎样熬过来的，如何结束婚姻的等很多话题。最后我走到这位女士跟前，问她说:‘你为什么来这里？你也要结束自己的婚姻吗？’她回答说:‘四十年前我已经和我的丈夫离婚了，这四十年来，我一直生活在痛苦和愤怒之中。离婚后，我向孩子们抱怨过我的前夫，我向所有我认识的人抱怨过。我对所有男人都信不过，我也曾尝试过恋爱，但每次不到三个月就出现问题。前夫那个懦弱男人的形象总是在我的眼前晃，我就是过不了这关。一晃几十年过去，我只有几个月可活了，我不想把这种愤怒带入坟墓。大半生都没有再爱过，这种生活让我伤感极了。所以，我到这里来了。我无法活得平静，但我想平静地死去。'

“如果你想知道自己是否拥有勇气或力量，如果你想知道自己是否能结束愤怒，请参照一下这位女士，她是一位伟大又充满悲剧性的生活导师。”

因为所有人都认为愤怒是一种恶劣又错误的情绪，所以我们无法以健康的方式将它外化。我们不知道如何谈及愤怒，也不知道如何释放愤怒。我们把它塞在心底，否认它，或克制它，直到最后陷入崩溃，因为我们从不会学着告诉别人说：“这样的事会让我生气。”大多数人不知道如何与时俱进，也不会抱怨说：“这会让我生气。”“那会让我生气。”相反，表面上他们会假装成不会发怒的好人，但背地里却把别人前几个月惹他生气的一些事情都记在心里。

对临终之人来说，会有无数的愤怒累积在心里。但最后这些愤怒都去了哪里呢？如果医院里有一间专供病人发泄或大叫的房间就好了——不需要针对什么人，只管放开嗓门就可以了。而如果我们每个人都有一间这样安全的房间，可以用来自由地释放愤怒，这样的主意是不是很棒呢？如果不给愤怒以出路，你就会向别人发泄。向别人叫喊意味着要承担相应的后果，没有人喜欢相伴在愤怒的人左右，愤怒之人通常也是孤家寡人。

很多人会约束愤怒，因为他们对愤怒进行过判断。他们相信，如果自己是个充满爱心且重视心灵的好人，就不会也不应该随便发火。然而，愤怒也是一种正常的反应。帮助他们完成对自己对他人甚至是对上帝的愤怒是一项非常重要的工作。

呼喊上帝之名，把头蒙在枕头里尖叫，甚至用棒球棒敲打医院的病床，只要使愤怒得以外化，这些方法都能帮助到需要帮助的人。愤怒找到出路以后，他们才会如释重负。行事以前，他们会感到恐惧，害怕大声对上帝叫喊，他老人家会引来一道闪电劈中自己或以别的什么方式惩罚自己，但现在他们觉得自己比以前更靠近上帝了。正如一位女士所说的那样："我意识到上帝大到足够包容我的愤怒，即便我的愤怒与他老人家无关。"

一位空中乘务员曾和我聊起她父亲的事，她说她父亲是在清理猎枪时意外走火身亡的。她一直试图平淡看待父亲的离去，但就是无法接受这个事实。她无法解开这个心结，直到有一天，天空电闪雷鸣，风雨交加，她不顾一切地冲进暴雨之中，对着天空尽全力嘶吼，尽情发泄着心中的不满和愤怒。她说那场暴风雨让她触及了自己的愤怒，并且释放了。在叫喊了几分钟以后，她向天空举起了拳头，并跪了下来，开始放声大哭。她说，那是她多年来第一次真正感觉到了平和。

伊丽莎白

中风以后，生死的考验我都经历过，但最终还是挺过来了，慢慢在复原。这些我都能忍受，我最无法忍受的便是丧失了行动能力。我左边身体瘫痪了，一直不好也不坏。我就像一架停在跑道上的飞机：既不能起飞，又不能退回机库中。那时候我只能无所事事地坐着。我越来越愤怒，我对所有人所有事都充满了怒火，甚至连上帝我也不放过；我甚至在自己的书中咒骂他——幸好他没引雷来劈我。一直以来，有很多人都告诉我说，他们非常感激我的死亡和濒死理论对他们的帮助。但在那时，因为我愤怒，生活中的很多朋友都消失了。有些甚至在媒体上谴责我，说我只顾愤怒，完全不懂得如何“安然”离世。就好像他们欣赏我的理论，却不喜欢接纳我成为他们的一员。幸好还有些对我不离不弃的人，他们没有随便对我下定论，只是帮助我驱散自己的愤怒。

我曾在书中介绍说，病人们应该被允许表达自己的愤怒，他们有这样做的特权。第一次中风以后，我就被送进了医院，当时有位护士坐在我的胳膊肘上，我疼得直叫唤。愤怒之下，我便做了一个空手道中“掌劈”的动作。其实这是我第一次做这种动作，我也无意去击打她，我只是用我的另一只手象征性地做出了这个动作而已。结果，医生们在我的病历上做了记录，说我富于攻击性。在医学领域，这种事情太典型了；我们经常会因为病人们的正常反应而大惊小怪，给他们贴上一个本不该属于他们的标签。

* * *

我们写下这些是为了治愈伤痛，排解情感。婴儿和幼童最善于处理自己情感，哭一哭，闹一闹，这些就都过去了。濒死之人通常也会返璞归真，像个不懂事的小孩一般，他们会真诚地说“我害怕”或者“我疯了”。和他们一样，我们要学着更加坦率地去表达自己的愤怒。只有当愤怒之情成为一种来去自由而非永驻的感情以后，我们才能真正地体味什么叫生活。

10

娱　乐

玩乐是每个人生命力量的泉源。

大卫

有一天，我去医院拜访了七十九岁的罗琳老人，她刚刚被诊断患上了淋巴瘤。老人一头白发，但精神矍铄，谈兴甚浓，她坐在床上和我聊起了自己的家庭。

尽管境况不容乐观，但我感觉她的一家人还是其乐融融。最后，我向她告别，问她能否再来看她，老人愉快地回答说："当然没问题，我就喜欢有人来看我。"老人似乎知道我来拜访她的原因，她非常清楚以后将要发生的事情，她必须得和癌症抗争。

第二天我又去了医院，我一走进病房，就看到罗琳戴着耳机在偷偷跳舞，那热情洋溢的劲头就如同十七岁的少女一般。在那一瞬间，我想到了这样一句话：她翩翩起舞的样子都如同没有了明天一般。这话听起来似乎有些陈词滥调，但用在形容此时此刻是再合适不过了。

罗琳边跳边抖动着身体，神情似乎颇为严肃。看到此情此景，我笑着问："你这是什么舞蹈啊？"

"瓦图西舞。"

"为什么要跳瓦图西舞？"

"因为我会这个啊！"

她说得没错；会玩才去玩。换作常人，这种娱乐的欲望就被压下去了，但幸运的是罗琳知道该如何让自己放松起来，即便面对危急的病情也无所畏惧。

* * *

病人在生命行将结束时，对娱乐的需求是异常强烈的。当他们和至爱之人交谈时，这种悲伤之中的片刻欢愉显然就是生命快走到终点时的美好时光。他们会对自己的爱人说，"你还记得我们一起去海滩的那些日子吗？"或者"你还记得我们一起在乡下骑自行车的情景吗？"他们会回忆起过去的温馨时刻，例如"我们带着孩子去公园玩的礼拜天"或者"乔做的搞笑鬼脸"。

也许有人会问为什么在临终遗憾中"娱乐也算是一种课程"呢？那是因为他们不知道，其实人生最大的遗憾便是当我们回头看以前的生活时，会感叹说“要是以前不那么严肃地看待生活就好了”。

这些年来，我为无数挣扎在生死边缘的病人做过心理咨询，但我从来没有听到有病人对我说过“要是以前每周能多工作一天该多好啊”或者“要是以前每天能工作九个小时而不是八个小时我该会多幸福啊！”这样的话来。回首过去的工作成就和其他业绩时，自豪感会油然而生，但我们也应该意识到，真正的生命不应该仅仅只有这些。人们会发现如果个人生活没有达到最佳状态，工作成绩亦难以得到平衡，人会变得空虚起来。辛苦的工作换来的未必就是真实的生活，正如谚语说的那样，“只会用功不玩耍，聪明孩子也变傻”。所以说，只知道工作也会让生命变得乏味，缺乏平衡。

生命会给人带来愉悦，娱乐并不只是孩子们的专利，它也是我们生命力量的源泉。玩耍会让我们的心态保持年轻，会为我们的工作带来激情，会令人际互动更加紧密。娱乐就是要让生命圆满起来。

然而不幸的是，在生活中娱乐通常不受重视，工作才是人们优先考虑的对象。工作的确很重要，因为我们以及我们的家庭都要指望着工作去活，但如果将这种重要性抬到至高无上的地位则有些太过了。大家都迫切渴望成功，渴望实现目标，对这一代人来说，做事不是问题，如何真正地生活才是大问题。

有些人为了收支相抵，让家人衣食无忧，不仅一天要工作八个小时，晚上还要做兼职，这是为生活所迫。

但有时候，没日没夜地工作并不是为了出人头地，它只是出于一种职场文化的需要。如果这种情形是暂时的，倒也可以值得一试。但如果这种没日没夜式的工作成了你的生活，你就要好好思考一番了。

为了获得成功，很多人不辞辛苦。对他们来说，社交活动是为了获得更好的人脉资源，而并非是简单的娱乐；为了升迁和加薪，周末时间也可以用来工作，用来玩乐无异于浪费时间。

为了成功，我们渐渐将心爱的人抛在了身后。我们想给他们更多，但实际上他们想要的是我们这个人，而并非是什么物质奖励。

成功的确很重要，但玩乐也很重要。去游戏去发泄去释放，排解压力和紧张是我们与生俱来的本能欲望。但很不幸，这种欲望经常被我们压抑，以至于有时候竟然忘了它的存在。

很多公司都会在员工生日那天为他们送上蛋糕或气球，

那些气球会在办公室和走廊里到处乱飘。一些员工会在工作之余拍着这些气球玩，他们会用指尖弹，用脚踢，但这些动作都是在不经意间偷偷做的，因为他们觉得没人会看到。

对这些很能干的职员来说，娱乐也是一种很迫切的需要。孩子们不需要气球就可以玩得很愉快，但我们大多数人好像已经忘记了该怎样去玩耍，我们甚至忘了什么是游戏。

我们必须提醒自己，玩耍就是做能带给我们快乐的事情，玩耍是一种开心的体验，而开心是无界的。玩耍不关乎性别、种族、地区或年龄，甚至超越物种的界限：很多人通过和自己的宠物玩耍而获得了极大的乐趣。

通过玩耍，我们内心的喜悦可以由外在表现出来。大笑、歌唱、舞蹈、游泳、远足、烹饪、跑步、玩游戏，任何能让我们感兴趣的事都是喜悦的外在表现。

娱乐也会使生活的方方面面变得更有意义和更令人愉快。工作会让人更有满足感，交际能力也得到了提升。玩乐会让我们感觉更年轻，更主动，它是孩子们学会的第一课；玩乐是自然的，它来自人的直觉。

但可悲的是，很多人都没有纯粹的玩乐时间。他们会问，把时间花在玩耍上，谁来养活自己呢？我给他们的答案是，其实玩耍能赋予他们更多显而易见的馈赠。玩耍能平衡我们的生活，改善我们的精神状态；玩耍过后的工作效率会更高。当别人向你抱怨工作太累时，你就问他们最喜欢干的事情是什么，如果他们告诉你说是看电影，你就问他：“上一次你看电影是什么时候？”也许是两个月前，如此长时间的不放松，自然会让人产生筋疲力尽之感。

娱乐也会帮助我们保持身体健康。很多科学研究都表明，大笑和游戏有助于减少压力，引发身体内部一种叫内啡肽的物质释放，内啡肽对人体的化学作用效果和吗啡相似。这些天然的止痛药和情绪“兴奋剂”也许就是我们在玩乐以后感觉良好的原因——大笑和游戏能让我们的生活质量大大提高。

笑声是一种自我填充式的“良药”，笑得越多，你就越想笑。即便在面对死亡这样严肃的命题时，幽默也会起到至关重要的作用。

伊丽莎白

有一堂关于死亡和濒死理论的课本是为医学专业和心理学专业的学生准备的，但开设这堂课的老师觉得可以对外进行公开。有一天，一位前来听课的女听众告诉这位老师说，她的生命已经没有几天了，希望这堂课能对她有所启迪。老师十分惊讶，他决定将此事隐瞒起来，因为这是那位女士的个人隐私。他对那位女听众说，“我担心有人会在课堂上开一些关于临终话题的玩笑，或对它持蔑视态度，你能承受吗？”

没想到，那位女士回答说，“其实，玩笑和恶作剧就是生命的一部分，微笑是我能坚持下来的动力源泉之一。如果你的学生们会开玩笑，那对我来说真是再好不过了。真正冒犯我的是避而不谈的态度，或对死亡癌症这样的话题躲躲闪闪。我真的希望有人能开开这方面话题的玩笑，毕竟笑声比恐惧更充满了乐趣，也比回避来得更真实些。”

* * *

大卫

雅各布·格拉斯是一位专门研究精神原则的作家和演说家，他是我的一位老朋友。一天下午，我们两位老朋友坐在本地的一家咖啡馆里闲聊，雅各布告诉我说他经常在这里开始一天的工作，或阅读，或啜饮咖啡，或与朋友闲谈。他住的地方离这里也不远，住处很简朴，但基本需求完全能满足。

聊着聊着，我们就开始讨论到他的演讲和写作，我催促雅各布多做点演讲多写点书，为自己多安排点工作，好让自己充实起来。

“然后呢？”他反问我。

“你每周多演讲几次，多挣点钱，就可以早早退休了。”

“然后我就有时间坐在咖啡馆里，喝点咖啡，读点闲书，对不对？”

“没错啊，到那时你想干什么都可以。”

“但是我现在就很轻松啊！我现在就在休假，在享受生活啊。我可以散散步，看看比赛，午餐慢慢吃，想干什么都可以。为什么要把现在所有的时间都集中在工作上，却期待着有朝一日可以尽情享受生活呢？我现在过得就很好。”

其实，在和雅各布大讲特讲那些大道理的时候，我忽略了他现在过的就是理想状态的生活。我意识到自己掉进了一个工作的思维陷阱，在我的心目中，工作是放在第一位的，而娱乐则可以暂时放在一边。

* * *

工作和玩耍并不是完全分离的两种活动。如果能在工作中找到乐趣，那就再好不过了，这些乐趣可以帮助我们轻松应对每天的生活。但不幸的是，我们太容易陷入纯粹的目标导向，当达不到预设的目标时，我们又变得痛苦起来。

要想在工作中寻找到乐趣，我们必须努力争取以乐趣为出发点开始工作。举例来说，一位男子曾问我：“以前我每个周六都在工作，考虑到没有时间陪妻子，我就把笔记本电脑搬到院子里办公，一连工作四五个小时。这样既能陪伴她，又可以将娱乐融入工作中，你觉得我的想法如何？”

我觉得他的妻子可能会觉得自己丈夫的工作方式毫无乐趣可言。她可能觉得自己被完全忽略了。丈夫的人是在那里，但思想呢？精神呢？他的心灵是在院子里，还是飞到了周一要召开的公司例会上去了？这位男士并不是在娱乐，他只是在一个不同的环境中工作罢了。

事实上，无处不在的手机可以将我们很多娱乐的时间转变为工作时间。例如，我们可以在餐厅吃饭的时候用手机进行工作对话；我们还可以边开车边聊天；购物的时候也可以打电话；还有人在看电影的时候用电话进行交流；甚至还有孕妇在分娩的时候用手机打电话。

有些人甚至设法在工作中带入个人爱好和娱乐活动。一天晚上，一位癌症病情稍微缓解的女士告诉丈夫说，不管身体多么虚弱，她明天都必须去参加本地高中的年度表演，因为她曾经做出过承诺。

“我原先以为主办这种表演肯定是充满乐趣的，”她说，“但现在我更觉得这是我的责任。当我知道自己剩下的时间已经不多时，我就开始鼓励自己说，如果熬过来的话，我将会获得更多的乐趣。现在，我感觉这不光是乐趣，变成了工作。一旦癌症再度来袭，我可能就无法觉得开心了。”

我们似乎都忘了兴趣爱好有何用途了。也许你很喜欢家具，在单纯欣赏家具的同时，你会突发奇想：“是不是可以把爱好变为一门生意呢。”所以说，能把自己喜欢的事情当作工作来做，的确是幸事一件，但爱好的真正定义其实是以此为乐，不在乎结果。当你开始打造家居去出售时，它就不再是爱好了——它变成了工作。意识不到这一点，我们就会将自己的爱好歪曲到不成样子，它将不再是乐趣的源头。

当过于严肃地对待生命时，我们就忘了生命中还有娱乐存在。在学会功利性的娱乐以前，最好想想自己上一次纯粹的娱乐，那种心灵放开没有丝毫罪恶感的娱乐是在什么时候。但开心而活的想法总是要被人质疑的，在很小的时候我们就被灌输了这样的思想，“生活是严肃的，把脸绷起来，去做点有意义的事！”渐渐地，我们开始看不起那些“整天只知道游戏人生的人”，我们会感到纳闷：为什么他们不去干点更有意义的事情呢？

把自己的需求压缩到最低限度，将所有时间都耗在玩乐上，哇！我们会觉得那样的生活该有多恐怖啊！当一个人说他所生活的世界尽是玩乐时，我们会觉得这人层次太低。但事实是，为什么有那么多人生活在“高层次”世界中，却毫无乐趣可言呢？

很多人都听说过“无所事事的大脑是魔鬼的工厂”这句话，“事业在先，享乐在后”才是正统的想法。当努力向着成功攀登时，我们就会忘记如何为自己寻找乐趣。我们视生命为战斗，哪能抽出时间用来消闲呢？我们丧失了对娱乐的亲密感，只要沾染上一点，就会有罪恶感。我们将娱乐贬损为对时间的浪费，这也解释了为什么所谓的成功人士不敢光明正大地去寻找娱乐，还有些人追求乐趣的天性会以不健康的形式出现。和那些在办公室里偷偷玩气球的人一样，我们长期压抑了对娱乐的需求，以至于它转化成绯闻、毒品滥用、暴饮暴食、消费无度的种种恶习，从生活的各个角落慢慢渗透出来。当我们觉得自己不配与乐趣或幸福为伍时，我们生活就开始陷入混乱。其实有时候为了找到生活的乐趣，我们要学着放纵一点。

“你今天干了什么？”这样的问题我们从小就被问了无数遍，作为回应，我们不得不列举出所有的成就以证明我们一直在努力工作或学习，没有虚度光阴。即便成年以后，比起列举那些纯粹的愉悦来，当一件件列出自己已完成的任务时，我们的感觉会更为舒服一点。罗妮·凯伊是一位癌症幸存者，她告诉我们她是如何学着去对他人“坦承”自己经常花上一个下午的时间去听贝多芬的。她说：“我学着自豪地去承认，我经常整个下午都在听贝多芬的《第六交响曲》，因为它能带给我巨大的愉悦感。我的身边已经聚拢来很多和我抱有类似想法的朋友，他们懂得快乐的重要性。当我告诉他们我在听音乐时，他们都很替我高兴。有一段时间因为整日无所事事，我倍感尴尬，但现在我终于意识到音乐对我有多么重要。”

娱乐不关乎年龄，不关乎地位，娱乐一直存在于我们的内心。

孩子们知道如何去娱乐，对他们来说，学校就是一种休息场所，功课要用乐趣来平衡。这样的道理也适用于成人，为什么我们就不能学学孩子们，大家约出来玩个痛快呢？

首先我们要从理解娱乐和娱乐时间的价值开始，参透了这部分价值以后再确定一下自己是否是A型人格，如果是的话，你可能要为自己制作一个娱乐事件规划，有些时候甚至要“强迫”自己去玩耍。不能因为工作越做越多,就不去玩耍。如果不给自己一些娱乐的时间，最终你不但会同样苛刻地对待别人，而且还会对工作时间感到憎恶，甚至连和家人在一起都不会愉快。总之，玩乐是必要的。

记住，娱乐不光能获得轻松愉快的心情，它还能将你从繁重的工作中解脱出来，让你摆脱对生命的严肃态度。让娱乐回归生活的方式多种多样，比如早晨起来，先不要急着去查看股票行情，可以看看漫画；平时可以看看很白痴的电影，买一些用不上但是很搞笑的装备；系上一条色彩斑斓的领带；如果你的工作和生活偏向保守，穿上一条搞笑的内裤也许是种不错的选择；学着对娱乐的邀请说好，更主动一点；学着做点傻事。

任何事情都可以拿来娱乐，但要注意的是：任何形式的娱乐也可以转化为工作。如果你经常散步是因为你喜欢散步，那么散步也就变成了娱乐；如果你每天去散步是因为你觉得这是你自己每天锻炼的一种固定方式，那么散步也就成了工作。

运动和游戏都是很好的娱乐来源。它们会唤起我们内心的童真，不管是在足球场上奔跑还是全神贯注地打桥牌，这些活动都会帮助我们构筑身份，释放压力，与他人进行紧密互动。

很多人都会举行游戏派对，邀请朋友来玩一些游戏。客人在享受到游戏乐趣的同时，也会回忆起这些游戏曾带给自己多少快乐时光。竞争是运动和游戏中的关键元素；竞争是一种很好的激励因素。但是当我们过于严肃地看待游戏时，我们就丧失了游戏的乐趣，和那些过于较真的人下棋肯定是毫无乐趣可言。生命也是这样，当我们过于严肃地看待它时，生活便也失去了乐趣。

大卫

四岁的女孩艾玛曾教会我关于游戏的关键一课。有一天，小艾玛和她的朋友珍妮在玩一种叫糖果乐园的游戏。当珍妮还差一步就胜利时，艾玛却激动地跳了起来，她高兴地说："珍妮，我真希望你能赢！"

* * *

幼小的艾玛其实并不理解什么叫作击败他人。对她来说，乐趣只存在于玩游戏的过程之中。她不会意识到如果珍妮赢了，她就输了，她只是在享受游戏的乐趣。从她对待游戏的这种天真态度中，我们可以学到很多东西。

要想拥有快乐，庆祝是一个再好不过的机会了。但不要只在某些特殊场合大肆庆祝；事实上，每个机会都值得庆贺。朋友来访，一顿好饭，庆祝周末到来，甚至连生活本身都值得庆祝。不要因为特殊理由才盛装打扮，才为自己和家人备上精美的餐具；为什么能为陌生人准备一顿丰盛的午餐，却只拿罐头面包来应付自己呢？葬礼就是最具讽刺意味的例证，每个人都穿得一本正经，聚在死者的家中，坐在客厅中享用着可口的食物，也许连死者生前都没有享受到此等待遇。

所以说，要在自己身上多花点心思，多花点时间。很多人都觉得自己应该多花点时间和爱人待在一起，但实际上我们也需要享受高质量的独处时间。这样的独处时间并非是指曲终人散以后或偶然的内心孤独，它是你为自己特意选定的时间，能带给你幸福感的时间。在这段时间里，不要计较看什么电影，吃什么，干什么。独处就是独处，以自己喜欢的方式，干自己喜欢干的事情。

伊丽莎白

乔是一位事业成功的商人，他曾告诉我他和淋巴瘤斗争的故事。乔说：“我的脖子上长了一个很大的肿瘤，扩张得非常快。我去求助一位癌症专家，他帮我把肿瘤切除了。接着，化疗开始了。我自己也从一个努力工作的生意人变成了一个努力与癌症抗争的病人——化验室检验，服用药物，和医生保持沟通。我从来没想到过生病竟然是如此辛苦的工作。

“当做完最后一个阶段的化疗以后，我觉得应该考虑重返工作岗位的事了。我过去对待工作的态度是如此严肃，现在癌症又让我的生命变得如此严峻，它们都关乎生死存亡，我觉得自己应该感谢上帝。但我又转念一想，‘感谢什么呢？难道就因为我活了下来，以后可以做更多的生意，更努力地去工作吗？

“我开始意识到自己以前的生命是多么灰暗和空虚。我认识的每一个人都将追求成功作为第一目标，和他们一样，我不过是墙上的另一块砖而已。我决心不再回归到这种生活之中。

“我决心重建自己的生活，去和朋友们重新寻找生活的乐趣。我们去公园，去听音乐会，和陌生人聊天。生命中我错过了太多，现在该是重新享受生活的时候了。”

＊＊＊

当我们还是孩子时，每一段童年经历总是充满了神奇的不可预知性。如果我们能重新抓住哪怕只是轻触一下这种古老的感觉，我们就会寻回一些早已失去的童真。虽然身体是在老去，但心灵可以保持年轻。外表的日渐苍老我们无能为力，但如果我们保持娱乐的心态，内心的年轻永远不是问题。

11

耐　心

万事万物顺其自然。

杰西卡有一位不可思议的父亲，他风趣，爱冒险，还有一点儿小淘气；但是在和杰西卡的母亲离婚以后，他开始变得有点令人难以捉摸，经常会玩失踪，一连几个礼拜甚至是几个月不见踪影。

父母离婚以后，十四岁的杰西卡依然和父亲走得很近。母亲这样解释父亲的不辞而别，“他这个人就是这样的，”母亲经常这样说，“跟你没关系。”

有时候，即便不是杰西卡的生日或其他特别的节日，父亲也会送给她一些礼物，而每当到了这个时候，杰西卡知道父亲肯定要准备离去了。她想马上就打开礼物，父亲总会拦住她。“耐心点，杰西卡，”他说，“这是一件要放在以后打开的礼物。”等父亲离去很多天以后，当杰西卡十分怀念他时，母亲就会叫她去打开那件礼物。

一晃很多年过去了，杰西卡也从一个懵懂无知的小姑娘成长为一位美丽动人的成年女子，她对父亲的爱不但没有消退，反倒越来越深。即便在完成学业，踏入社会，结婚生子以后，杰西卡还是和她快七十岁的父亲亲近如昔。不管什么时候准备出门，父亲都会打电话和杰西卡作别，告诉她自己要出去旅行了，回来后会马上去看她。

但有一天父亲离去以后竟然再也没有回来。一连几个月过去了，杰西卡越来越牵挂父亲，她觉得肯定有什么事情发生。父亲的朋友们也告诉杰西卡说，已经有很长时间没收到她父亲写的信了。于是，杰西卡去警局填写了失踪人员报告。

又过了四年，杰西卡终于等到了父亲的音讯，他住在拉斯维加斯的一所护士之家中。因为急性感染，他入院进行治疗，在填写姓名的时候，别人才发现原来他的名字早已被登记在失踪人口档案中。奇怪的是，护士之家的工作人员告诉杰西卡，因为她父亲先前一再强调他是无家可归之人，因此护士之家才会收留他。杰西卡有点搞不懂，但她马上去了拉斯维加斯，等到了那里，她才明白所发生的一切：父亲已经认不出女儿来了，他得了老年痴呆症。

历经千辛万苦终于找到了父亲，在知道他陷入了如此窘迫的境地以后，杰西卡的心碎了。等父亲从感染中恢复后，杰西卡把他转到家附近的一家疗养院进行治疗。她在心底暗暗祈祷父亲的神志快点清醒起来，会认出她来。“我心想父亲还是和过去一样，他只是在考验我的耐心。之前我一直想找到父亲，但当看到他现在这个样子，我感到很难受。

“我总是在想，只要我有足够的耐心，父亲的记忆迟早会恢复的。日复一日，周复一周，我坚持去看望他。当时我整个人都充满了愤怒；虽然父亲人在那，但已不是我所认识的那个男人，他也认不出我这个女儿了。唯一能提醒我的就是耐心，它提醒我父亲就在那儿，他需要我的照顾。身为一位法律顾问，我总是为别人解决问题，现在自己碰到难题了，我却一筹莫展。我想我唯一能做的事情就是耐心。

“后来父亲的身体状况慢慢恶化了，他感染了肺炎，最终还是离开了人世。”

一年以后，在清理家中旧物时，杰西卡偶然发现一部破旧的录音电话，她想试下电话是否还能用，于是给电话通上了电源。没想到，她竟然听到了父亲发给她的最后一段留言，杰西卡简直不敢相信，在父亲走后还能如此清晰地听到他的声音。父亲在电话里说：“亲爱的杰西卡，我只是想告诉你我在路上，我希望在我走后你能一直记住我，我每天都在思念你，即使我们没办法面对面交谈。我知道你很担心我，但亲爱的杰西卡，我现在好得很。我爱你，希望能很快再见到你。”

说到这里，杰西卡开始潸然泪下。“那就是父亲叫我一直要保持的——耐心。和过去一样，他给我留了一件礼物，以后才能打开的礼物。”

很多窘境和疾病，如老年痴呆症，都会教会我们关于耐心和理解的重要课程。不光是对病人，这些课程对家人对朋友也颇为有益。

伊丽莎白

耐心是最艰深的课程之一，同时也是富于挫折感的课程之一。我是个没什么耐心的人，一直以来我都忙得不可开交，各个城市到处跑，每年的行程足足有上千公里，探视病人、做演讲、出书，还要抚养小孩。

再到后来，因为生病，我只能坐在轮椅上，要在别人的帮助之下才能到处转转，我的耐心课程受到了现实生活的无情挑战。我开始痛恨这门功课，但我明白，身为病人，我们必须学会有耐心。

等到感觉好点的时候，我就和朋友们一起外出。那时我就想，如果能站起来走动走动该有多好啊，比坐在轮椅上强多了。逛商场的时候，我总是怕自己会挡住别人的去路。和朋友出门买衣服，她总爱把我丢在一边，自己到处逛，每当这个时候，我只能耐心地等她回来。

现如今，我只能被迫去做我最不喜欢做的事情——等待。当生病或需要依赖他人时，我们不管干什么都能体会到耐心的重要性。因此，我觉得关于耐心的课程随处都是，对我来说，的确需要对耐心进行彻底深入的学习。

无法一直心想事成便是耐心教会我们的道理之一。很多时候，我们想要愿望立刻被满足，但现实总会将兑现之日无限延迟；而立刻能到手的东西，却总和想象中的不太相符。

* * *

在现代社会中，追求即时享受似乎已经成为一种习惯。我们对结果和当下的满足充满期待，我们想弄明白的问题最好马上就能有答案。食物到处都是，微波炉即时可用，商场和餐厅通宵营业；办公用品商店和五金店也是24小时不关门。另外，我们还有方便的互联网，我们再也不用去书店买书了，也不用跟着房产经纪在街上转来转去看房子，有了网络，这一切轻松搞定。但别忘了，它们在带给我们便利的同时，也让我们变得越来越没有耐心了。

很多人已经不知道该如何去等待，他们甚至连什么叫等待都理解不了。知道自己想要什么固然很关键，但拥有延迟满足的能力则更为重要。相关研究表明，愿意主动等待美食的小孩在长大以后，会取得更好的成绩。虽然耐心是一种很重要的品质，但在实际生活中很多人即便站在微波炉前，心里还在默念着“快点快点！”而如果要花费一个多小时去冲洗胶卷，则更会让他们感到沮丧不已。

事实上，问题已经超越了等待所带来的不适感。很多人不知道该如何去和周围的一切相处，如何快乐地活在当下，我们总觉得自己需要做点什么，改变点什么，让情况不那么糟糕，不干涉的放任态度总会让我们感觉不安。在我们的心目中，事情进展得不够迅速和完成得不尽如人意不能混为一谈，是两码事，但实际上这两种想法都来自内心深处的同一种判断，这种判断认为，将事情保持在本原状态是一种错误。在这种心态之下，我们焉能抱有忍耐之心呢?

耐心的关键在于凡事顺其自然，抱有平常之心。然而，记住这些道理颇为不易，很多人总想掌控事情发展的时机和方向，打乱事物本身固有的节律。即使是到了生命快结束的时候，有些人即使知道大限将至，但却依然缺乏耐心，他们需要得到保证：在没有准备好以前，他们不会离开人世。

死亡是这样的，生活亦是如此。在自己做好准备以前，说什么生活体验都是枉然，只有当我们找到了对自然运转的信任感和理解力，我们才能真正冷静下来。

哲学家认为，耐心就像是身体某处需要定期使用的肌肉，只有经常锻炼，我们才能放心地去使用它。这块肌肉如果缺乏锻炼，一旦遇到需要移动重物的巨大挑战时，我们就无能为力了。我们必须相信，人有不断治疗自己的能力，万物自有它的道理。

我们通常觉得只有改变周围的环境，我们才能获得平静。但现实是，在自然状态下的我们才是最放松的，能让我们彻底平静下来的是耐心，它是一剂安抚心灵的良药。

脱口秀主持人塞尔玛·施迈尔是一位癌症幸存者，她同时也是《癌症如是说》一书的作者。她在书中写道："父亲曾经说过：'闹钟每天早上准时响起把我们唤醒，我们都觉得这是闹钟的功劳，但实际上真正唤醒我们的是上天。'"我们安排好时间，定好闹钟，再检查几遍，我们觉得细节都做好了才去安然入睡，但是我们忘了从宏观的角度去看，真正决定我们第二天能醒来再延续一天生命的是上天。这种冥冥中的力量是我们忽视的，它就是我们从未使用过的肌肉。所以，请随时随地设好人生的警报，但同时也要记住：人生之中还有很多你没有意识到的重要因素在起着作用。

伊丽莎白

蕾妮正在等待活组织切片检查的结果。起先，在等待结果出来的那两天里，她的注意力全都集中在这上面了。“为什么做个检查要这么长的时间？”她念叨了一次又一次，“为什么他们就不能快点呢？是不是还要再等上十天啊？如果我的医生忘了打电话该怎么办啊？”

我对她说：“不管结果如何，我们都要等待，这两天时间是必需的。与其花上两天时间吃不好睡不香，还不如问问自己还有什么更重要的事情要去完成呢！”

当然，这也并不是说我们就要等上一辈子。如果结果没有按时反馈的话，我们可以打电话去问：“已经三天了，我的结果怎么样了？”耐心并不意味着我们就要成为受害者；耐心也并不意味着我们要变得软弱无力，要忍受辱骂或周围糟糕的环境。我们可以在耐心等待的同时，暗暗积蓄自己的能量。

终于，蕾妮盼望已久的电话打过来了，一切都很顺利。“我开始对自己的能力有所了解了。”蕾妮后来说，“我学着去聆听自己的心声，学着相信上天，相信自己。以前我觉得自己不可靠，能量不够，但现在我终于知道自己应该去关注和接受生活中的哪些方面了。这真是伟大的一课。”

* * *

蕾妮平静地度过了两天时间，在两天的等待中，她发现了隐藏在自己内心的巨大潜力。当她心平气和地面对等待的过程时，她就已经学会了自我和生命的真谛。即使检查结果没有在两天时间内通报给她，她也会从容地打电话或直接去找医生。

发现自身的潜力非常重要，这意味着我们在遭遇不幸时，可以大声反抗。但是当生活平静如水，缺少波澜时，我们则需要找到一种在自然状态下得以心平气和的方式。

生活是由一系列的经历所组成的，每段经历都有它特殊的意义，从这些经历中我们可以学到我们所需要的人生阅历。但是当我们缺乏耐心地大叫着，“我不喜欢这样！我要依照我的意愿改变它”时，这些课程就变得愈加艰难。最好的做法是接受这些经历，而不是去否认、抱怨或者尝试更改它。

每一段经历都会使我们的人生得以升华，我们无须做些什么，只是简单地生活就已经足够了。

加里是一位卡车司机，在遭遇了一系列的人生打击以后，他终于体会到了耐心的重要性。作为司机，这么多年以来，加里一直东奔西跑，辛苦工作。为了排解心中的苦闷，他一直在酗酒。因为酒精的缘故，刚迈入不惑之年，加里的视力就在急剧下降，甚至有失明的危险。

医生给他开了药，病情算是暂时被控制住了，但加里的视力已经损失了一大半。他后来又经历了一次感染，左眼几乎完全失明。两次手术虽然保住了眼睛，但加里几乎一点都看不见了，医生说没有希望复原。

加里告诉我："从一开始我就被告知，想恢复视力是不可能的了。从那时开始，我知道自己的余生注定只能见到一小部分光明了。

"在纽约治疗的时候，我需要找个住处。找来找去，只有一家修道院是我能住得起的，我去的时候人都住满了，不过还是腾出来了一间。我就住在那里，耐心地祈祷着。我渐渐意识到，现状是我无法改变的，我已经尽力了。

"很多人都会丢东西，我丢的是视力。我曾见过很多人一生都活在悲伤之中，失去部分光明我也很难过，但我不能难过一辈子。也许这就是我要经历的磨难吧。视力的丧失虽然让我的生活节奏慢了下来，但也使我找到了应该重新关注的事情。

"我以一种前所未有的新方式重新继续生活。以前，我经常无所事事，整天喝酒，整天不开心。但现在为了求生，我学到了很多新东西，学会了应该如何去解决问题。没有人照顾我，我什么事情都得自己来。我以前喜欢玩撞球，但因为消沉就把爱好丢在一边。但现在，经过一段时间的练习以后，我又重拾过去的爱好。我注意到生活在洛杉矶的人们总是来去匆匆，非常缺乏耐心。他们总是抱怨时间不够用，他们只知道向前冲。过去的我就和他们一样，但现在我终于明白时间也是可以用来享受的。

“从某种意义上说，现在我能看到的比失去视力以前看到的还要多。我在努力地寻找着生活中积极的一面。很多人都无法发现生活中的积极因素，和他们相比，我并无过人之处，只不过是多了点耐心而已。”

耐心的第一步是要放弃干预和改变——我们必须意识到，万物自有其道，人的认知能力是有限的。

很多事情是我们无力改变的，世界上大多数的奇妙事物并不需要我们的协助或干涉就能自然而然地发生。细胞分裂，伤口痊愈，这些都是自然的功劳，并不需要我们额外地叮嘱什么。相信万物自有其道，这种信任出自一种信念，而信念则从耐心而来。

抱着这样的信念，你就会觉得生活中的每一段经历都是如此有意义。很多病人在生命快走到终点时，依然对生命中的不幸抱有感激之情，因为他们觉得自己从中学到了很多。生活中的每一场暴风雨都会使你的人格完美起来，记住你为生活所定下的步调可能并不是最适当的，冥冥之中还有一股力量，你只需要放松，让生命舒展开来。

名词的“病人（patient）指的是需要接受药物治疗的人，而形容词的“耐心的（patient）”指的是平静地去承受苦难，它们意思之间的关联并不是巧合，这两个词都来自拉丁语中的“pati”，这个词意味着忍耐。

为什么上天不分配给你一份好工作呢？那是因为上天根本不关心这个，它所关注的层面比这大得多；上天不会关心你结婚了没有——它只会关心你是否经历过爱的体验；上天也不会关注你是否健康，它关心的是你对生命的体验。上天关注的是你这个人，无论何时何地何种处境，上天都会将你最真实的自我带入你的生活之中。所以，请你一定保持对生活的信任之情——学着去忍耐。

12

屈　服

放弃是逃避，面对才是屈服。

伊丽莎白

我曾为一位濒临死亡的小男孩做过辅导，他给我留下了深刻的印象。在生命行将结束的时候，他还为自己画了一幅小小的图画。他画的是自己小小的身体被一发巨大的炮弹击中了，这幅图画表明小男孩已经认识到所患疾病的巨大破坏性，他知道自己就快要离开人世了，但很明显他还没有完全平静下来。

在我们相处了一段时间以后，小男孩坦然接受并屈服于自己的病情。当他用画笔将自己描绘成飞向天堂的天使时，我知道我的辅导起到了作用。现在他感觉自己是被一股爱的力量带走了，这股力量让他无法抵抗。小男孩的生命虽然短暂，但这种屈服让他短暂的生命有了更多的快乐和意义。

* * *

不管什么时候，我们都能在屈服中找到一种奇妙的平和。不幸的是，很多人对屈服感到恐惧，因为它意味着放弃和退缩,是一种示弱的表现。实际上,屈服中并不存在示弱或痛苦，相反，屈服中充满了力量和安慰。

在患病或不幸之中设想一切顺利，的确需要强大的信念支持。即便是面对生活中的微小挫折，屈服也是很难做出的抉择。我们需要积极主动地掌控局面，我们将行动等同于能力，消极等同于无能。其实，真正的主动是放弃，这种观点理解起来也许相当困难。生活不应该总是处于头撞南墙的状态，如果我们不断斗争，上天也许就会给我们一些启示，它会让我们放松自己，不要总是把工作、感情和地位攥在手心，紧紧握住不放。简单地放松下来，我们就会认识到生命会自然地舒展开来。生命就像一辆过山车，我们只是坐在上面，无法驾驭它，因过山车是不会按你的意志来开动的，你不但无法为它导向，而且因为一意孤行你还可能失去乘坐它的乐趣，那种高高低低的感受就如同人生中的跌宕起伏。

当我们因为想控制形势或打赢一场战争而筋疲力尽时，屈服的信号就出现了。屈服是为了逃开死神的掌握，不停的担忧和争斗都极具破坏性，它们会让我们感到精神恍惚，让爱情不再甜蜜，让创造力毁于一旦，它们会瓦解我们的幸福感和满足感。争斗会引发恐惧，而恐惧则会让我们错误地认为生活中的各个方面都要时刻处于自己的控制之中。如果你是活在这样的状态中，那么我告诉你，屈服的时间到了，脱开生活的缰绳，让它自由奔跑，学着随波逐流，不要一味对抗。

戴尔是一位身患心脏病的中年男人，他和我们分享了自己的人生经历。他说："我活得很好，也很健康，因为我学会了如何屈服。

"很多年与疾病斗争的经验终于让我体会到，如果一味抗争，事情只会变得更糟。一开始，我还想不通，我知道自己患有严重的心脏病，随时都可能完蛋，在这种情况之下，我怎么能轻言屈服放松呢？我的生活怎么可能悠然自得呢？这有用吗？后来我想到了自己去世多年的父亲，虽然他离开我已经很久了，但我觉得他一直活在我的心中。

"父亲是一位很善良的人，死于癌症。他什么都好，就是喜欢酗酒，他甚至因为酗酒而丢了工作。因为经常醉酒，他和母亲的关系一直很糟糕。最后他意识到只有自己才能帮助自己，如果他不愿正视自身的问题，不主动做出让步，一切都不会改变。于是他决心将自己从酒杯中拽出来。

“他加入了匿名戒酒互助会，并且成功地改变了自己的生活。他又再接再厉，在加州大学洛杉矶分校拿到了一个心理学的学位，开始专门为犯人们做心理咨询。他像完全变了一个人似的，因为他知道如何去帮助自己——屈服和接受现实才是最好的法宝。

“父亲死后，数百人来参加他的葬礼。人们热爱他——因为父亲教会了他们不要去放弃，学着去屈服。我为父亲感到骄傲，我希望他的那些经历也能帮到我。于是，我学着轻松面对我的心脏病诊断结果，从否认中挣脱出来，不为无可争辩之事而争斗不停。心脏病已经是既成事实了，我没得选择。通过屈服，我又找到了平静且高质量的生活。”

很多人将精力白白浪费在幻象之中，他们认为控制才是头等大事，把一切交给上帝去处理是极端危险的事情。但是控制是维持世界运转的必须武器吗？每天清晨起床，我们需要提醒宇宙记得让太阳升起吗？背朝大海难道潮起潮落就停止了吗？孩子们不需要我们提醒就会逐渐成长，花儿开放也不需要我们手捧指南一步步指导。宇宙让行星保持复杂的运动轨迹，世上万物都在它的调度之下，这种伟力就是我们所要屈服的对象。处在艰难的境地之中，也许很难发现美好的事物，我们会惊讶事情怎么发展成这样。但对上天来说，除了将我们置于艰难境地之外，再也没有更好的办法让我们坚强起来。尝试以平常之心看待这种情势，不要只盯着难处。没有人知道事情会如何发展，先知先觉是不存在的，生活需要谦恭的态度，因为生命是秘不可测的，冥冥之中自有答案。

到底如何去屈服，如何去停止抗争呢？其实方法很简单，就像结束一场拔河比赛——放手就可以了。我们丢开自以为是的个人方式，学着去信赖上苍，信赖宇宙，唯有如此，我们的生活才能真正轻松下来。

通过放手，我们可以在脑海中绘出事情本来的真正面目，对上天赐予我们的一切也会坦然接受。我们会意识到自己其实并没有理解事物的本源。垂危之人回溯往昔时会认识到这些，他们会觉得正是那些“不利”处境引导他们到达更好的境地，而所谓的好事对他们来说未必是最有利的。例如，一些试验性疗法会表现出极好的治疗效果，它们治愈的效果简直让人感到不可思议。但它们也可能会失败，从而导致更严重的问题出现。很多病人为了能接受试验性疗法使出了浑身解数，因为他们确信这些方法可以挽救自己的生命。但结果的好坏谁也说不准，问题的关键在于我们并不知道怎么做才符合自身的利益。如果想知道生命会将我们带往何方，我们必须学着放手，这就是原因所在。我们必须停止盲目自大，不要试图去控制那些无法控制的事物。有时候你坚信自己绝对知道什么是最好的，其实这只是幻觉，我们不是无所不知的神。

学着屈服，学着将“上天的意志”而不是“我的意志”挂在嘴边。你不知道今天将会发生什么事，你也许本来已经计划好了，去工作，修剪草坪什么的，但是我要告诉你的是，学着对这种概念化的想法屈服，因为你的计划只是一幅蓝图，任何事情都会发生改变，生活的轨迹将会以你我都意想不到的方式前进，有惊喜也会有惊慌。我们的人生将会踏上崭新的旅程。学着去信任这种改变，它会给我们指明方向，让自我让灵魂尽情舒展。

大卫

詹姆斯是一位七十四岁的老人，虽然饱受帕金森症的困扰，但他依然精神矍铄，始终以一种积极心态面对生活。他只求付出，不求回报。后来他的病情加重了，很多人来照顾他，老人开始觉得没有活下去的理由了。家里人安慰詹姆斯说，能为他提供爱和关怀是一件让人感觉幸福的事，他们觉得能以爱回赠他是一种荣幸。但詹姆斯却越来越觉得自己是个没用的人，为了摆脱这种痛苦不堪的局面，他曾严肃地考虑过自杀。

为此，就他的这种感受我和他聊了聊，我对他说："如果你觉得自杀是最好的解脱方式，那么没人能阻止你这样做。但是真正困扰你的其实是一种感觉，一种无力做出自我选择的感觉。其实，当你能做出选择时，你可选择保持目前的局面而不是自杀，因为这是一种积极的屈服方式。这种积极不是说这是一件了不起的事，而是说你可以出于一种更高的目的而选择屈服。就是说，你完全可以自我选择，你并不是无能无力之人。"

在了解到詹姆斯曾参加过越战后，我问他以前是什么兵种，老人骄傲地告诉我说："我曾是一名飞行员。"

了解这些以后，我又接着问他："詹姆斯，我理解你的想法，你想掌控生活，不愿意屈服。仔细回想一下，在你的飞行生涯中，可曾遇到积极屈服的经历？"

他想了一会儿，然后回答说："有。服从飞行塔台的控制应该就算是一种积极屈服的经历吧，因为我知道空中交通指挥员所看到的比我要大得多，服从他们的调度我很乐意。"

"那你能想象生活中也存在这样更宏观的视角吗？也许屈服的经历不是只针对你一个人的，它是针对所有人的。就像空中交通指挥员一样，他所关注的是空中的每一架飞机，而不仅仅是你的那架。”

詹姆斯的想法终于起了点变化，他终于意识到屈服只是一种选择，它并不意味着放弃。

＊＊＊

屈服和寻常的放弃之间有着重大的区别。在被诊断患上了不治之症时，我们会放弃，我们会将双手高举过头顶，绝望地大叫：“没有希望了，我快死掉了！”但屈服的人则会选择治疗，即便治疗不起作用，他们也会坦然接受生命快走到尽头的事实。放弃就意味着否认曾经拥有的生命；而屈服则意味着安静地接受。如果想成为病魔的牺牲品，你就选择放弃吧。

伊丽莎白

上帝还算仁慈，中风竟然没有伤及我的头脑，交谈、授课的能力还依然在。虽然我的左腿和胳膊不能动弹，但思维和说话没有问题。

因为中风，不少人不但整个左边身体丧失了行动能力，甚至连语言能力也失去了。比起他们，我算是幸运的了，脖子以上我是完整无缺的。我将自己左边身体的部分偏瘫称之为矛盾性的中风，它虽然不会对心智产生影响，但却让我的左侧身体——女性用来感知的一侧——发育不全了。女性感知的一侧是用来接收的一侧，例如粉红被认为是一种女性颜色，但我最厌恶的正是粉红色！但中风以后，我却尝试着去欣赏这种颜色。

我必须努力接受，学着向别人道谢，学会耐心和屈服。我这一生之中，给予的时间很多，但却始终没有学会接受。现在我学习的时间到了，我要学会接受爱和关怀，学着被鼓励而不是鼓励别人。我意识到我将自己心灵的周围围上了一圈大石墙，本来它是用来保护我不受伤害的，但是它也阻挡了爱的进入。

* * *

对很多人来说，积极的屈服不是一件容易的事情，即便面对生活中的小事，他们也不愿意这样做。有些人即便是在听演讲的时候，亦感觉自己必须站出来，甚至要挑战演讲者。

“我需要把事情说清楚，”他会这样说，“演讲的人肯定是错了。”

这样的人肯定不会认为自己只是个听众和被动的接收者。他们从未想过如果给演讲者一个机会对内容进行陈述，这样的陈述也许会改变一点他们的想法。其实如果获得了总体的认识以后还是表示说“我不同意”或“我不会再听那位演讲者的鬼话了”，这样倒也没什么。但如果从一开始就否认对方，这样的听众是无法屈服的，所谓的虚心接受和学习的精神在他身上找不到。

有些人认为听从别人的想法意味着失去斗争精神，但事实上，认真听取他人意见是一种对他人立场短暂且积极的屈服，在经过进一步的分析之后，你可以决定融入自己的想法，或进一步探讨或抛在一边。

一家著名餐厅的经理告诉我说，有些顾客一进餐厅就说：“我想试一下你们店里最著名的恺撒沙拉，但是少加点油和醋。”或“我要点那道怪味鸡，小火烤下就可以了，记着不要加调味汁。”

经理听完后对那些顾客说：“我们奉献的这些美食融合了我们独特的烹调方式。如果你无法接受这种烹调方式，你将会错过大厨们的经典手艺。我知道有些食客曾经吃过一次，之后因为饮食禁忌或者口感的原因他们觉得少加点调味汁会更好。但是在大多数情况下，很多顾客连一次展现美食的机会都不给我们。”

我们的控制欲变得越来越强，我们已经忘了该如何像个小学生一般去请教别人，并向别人学习。我们不知道该如何去接受他人的想法和经历，我们的内心无法为别人空出哪怕一会儿，生活中的一点小事也会让我们看不下去。

一味拒绝接受我们无法改变的事实会让我们感到筋疲力尽，我们思想的能量和平静都会随之而去。只有让一切自然为之，我们才能重获内心的宁静；也只有这样，我们的幸福感才会油然而生。

另一方面，拒绝屈服等于是向他人宣布，条件不变，自己就无法开心起来。也许条件变化会让你更开心一些，但有些条件是永远无法改变的。难道说我们就要这样做条件的牺牲品吗？为什么不考虑下别的可能性呢？

其实，我的意思并不是说要你去接受所有难以接受的事情。如果你不喜欢正在播放的电视节目，你无须屈服——换一个频道便是；如果你不喜欢自己的工作，可以选择跳槽；如果你的车响声太大，可以去修理一下；如果某些情形让你觉得不舒服，而这种情形又是可以改变的，那么利用自己的能力尽量做出正确的决定。

而有些局面是我们无法逾越的障碍，虽然我们坚持说只有改变这种情况我们才能快乐起来，但实际情况就是这样——它无法改变。如果我们有一个不那么幸福的童年，我们如何能改变过去？回到过去，让一切重新来过吗？显然不可能的。再比如你深深爱着的人不爱你，你又怎么能强迫他（她）交出自己的爱呢？

在这些情形之下，虽然我们无法幸福，但我们也无法改变事实。对生活妥协是最迅速最强大的摆脱当下不利局面的方法。也许你无法改变自己可悲的童年，但这并不意味着你就永远不能拥有幸福的生活；你爱的人不爱你了，那何必要在他（她）身上浪费精力呢？生活中永远存在无数的可能性。

大卫

一位名叫布莱恩的糖尿病患者因为右腿感染住进了医院。这位五十岁的公司经理不但恐惧万分，而且怒气冲天，因为医生说他的右腿必须截肢。

事关重大，布莱恩需要调整自己的情绪，我负责给他做心理辅导，我问他说，“你能接受这种局面吗？”

一开始，布莱恩几乎无法接受这个事实，我提起的这种话题也让他感到很愤怒。但是我必须得坚持下去，我继续对他说：“你会失去右腿的可怕情形不断在你脑海中萦绕，这种恐惧和愤怒占据了你全部的思想。为什么不停下来，坦然面对呢？如果失去右腿既成事实，可以试着不要将注意力集中于此，甚至可以假装自己没有在思考这件事。”

“如果我能对失去右腿这件事保持平静，如果我完全屈服了，我能被拯救吗？”

我提醒布莱恩说，精神工作就是精神工作，我们无法和它讨价还价，即便当我们足够灵性时，亦无法奢望能得到奖赏。即使布莱恩屈服于失去右腿的残酷现实，他还是保不住自己的右腿。这种局面就像是一个恶魔，将他掳为人质，绑架了他的幸福，让他的思想一刻也不得安宁。

但最终，布莱恩终于鼓起了勇气认真看待残酷的形势，他渐渐意识到自己可以克服失去右腿的痛苦，他想为自己装一条假肢，因为生活还要继续。一旦布莱恩学会了屈服，他就寻找到了一些平静。他终于放松了下来，幸运的是，他的右腿因为接受了很好的治疗而被保住了。在经历了这一番磨难以后，布莱恩表示，他最不可思议的遭遇便是屈服以后找到了内心的平静，这种顿悟实在是人生经历中不可多得的精神财富。

* * *

我们总是固执地认为，等待明天事情起了变化时，我们才会幸福。但如果幸福和爱情在明天会抵达，那么今天它们也可能会出现。即便情况并无好转，我们也能找到治疗创伤的办法。有时候，屈服于生活“本来的面目”会奇迹般地扭转不利局面，因为在屈服的同时我们也在接收。

但是什么时候何种情形才是最好的屈服时机呢？其实，每一天，每一刻，任何处境都是屈服的大好时机。无论是出生还是死亡，我们都是在屈服于比我们更强的力量。但是在生死之间的人生，我们却经常迷失，原因很简单，因为我们忘了如何去屈服。

如果有些事情可以改变而且在你力所能及的范围之内，尽管去努力。但我们要学着承认某些局面是我们无法改变的，存在于这些局面背后的力量数倍于我们，我们就如同遭遇了潮水一般，这是一种我们必须接受和屈服的力量，否则徒劳的对抗会慢慢消耗我们自身的力量。

如果你感觉不到内心的平静，那么现在就是屈服的时候。

如果生活如同一潭死水，那么现在就是屈服的时候。

如果你觉得自己要对所有事负责，那么现在就是屈服的时候。

如果你想去改变不可能改变之事，那么现在就是屈服的时候。

在你选择改变以前，先仔细考虑一下真正需要改变的是哪些以及为什么。比如，斯蒂夫是一位会计师，但他真正的理想却是想成为一名剧场演员，因此他的这份工作做得很不开心。他斗争了很久，最终还是没有放弃本职工作，因为这份工作让他有了保障和安全感。后来，有人告诉他一家剧团需要招一名财务总监，于是斯蒂夫就去应聘了，最后他得到了这份工作。现在的斯蒂夫已经成为百老汇最著名且最成功的财务总监了。

有时顺其自然是我们赋予自己的一种美好。回望过去的生活，我们会发现生活中最美好的时刻和最伟大的机遇都不是来自努力地挽回败局，它们似乎是水到渠成，就好像是天时地利人和之下发生的。屈服就是这样神奇，生命就是这样微妙。

很多想改变的人最终都意识到，自己必须回归本真，就和鞋匠必须做鞋子一样，也许我们可以利用自己的创造力去做一些与众不同的款式，但总归我们还是在和鞋子打交道，而没有尝试去干别的什么事。

有时候，改变是必需的，有时候则不然。当我们不知道是否该屈服时，平静的祈祷可能会很有帮助：

上天，请赐予我宁静，让我接受无法改变之事实，也赐予我勇气去改变我能改变之事，更赐予我智慧去区别两者之间的不同。

有时候，我们会以出乎意料的方式领悟到该如何去屈服。杰夫是一位饱经风霜的中年人，他和我分享了自己年轻时候的经历。他告诉我说："当时我才 27 岁，在日本工作。那时的日本真是一个令人激动的地方，处于商业发展的最前沿。我参加的是一个巨大的工程，工期进行到一半时，我开始感觉自己的身体有些不对劲，没有食欲，异常疲倦。当时我也没有多想，以为是工作的缘故。等到实在扛不住了，才住进了医院，一检查原来是感染了肺炎。我本来以为这已经够糟了，没想到医生告诉我说，这种肺炎是因为艾滋病引起的。我整个人一下子就崩溃了，医生好不容易才让我情绪稳定了下来，他让我回到美国继续治疗。

"我随便带了点东西就回到了美国的家中。我所有的财产都留在了日本，连同我过去的生活一同丢下了。当时我已经在日本经商多年，一度想在日本终老。无奈之下，我只能在美国耐心接受治疗。等肺炎康复了以后，我开始思考自己的所有梦想是如何一下子化为泡影的，就好像有人告诉你说：‘抱歉，你想要的这些我们得收回。’于是，残酷的现实就这样发生了。以后要接受治疗和追踪，到国外去是不太可能了。

“一开始我很生气也很沮丧。但渐渐的，我觉得自己还是有选择机会的。与其陷入过去无法自拔，还不如对新生活屈服。为了抓住过去的生活，我已经承受了太多的压力，现在是屈服的时候了，我必须尝试新的生活。

“当停止与现实抗争以后，新的梦想开始慢慢浮现在我的脑海之中。与我共事的律师曾经给我留下了深刻印象，我觉得自己也能成为一个律师。法学院的课程本来需要三年时间，但幸亏医疗手段先进，延长了我的寿命。通过屈服，我发现了从未被自己触及过的那一部分的自我，那是我的勇气和超强的适应能力。现在，我过上了很好的生活，一切都很完美。待在美国是我最正确的选择，我的生活完全被改变了，到处都是崭新的发展可能，这一切都源自我对未知未来的接受。”

当初，陷入愤怒的杰夫很可能因为选择错误而贻误之后二十年的幸福生活。但幸运的是，他做出了正确的选择，他选择屈服于现实。甚至连杰夫自己都为此后的一帆风顺感到惊讶不已，“我原本觉得将来的日子肯定不太好过，”他说，“但随着看待问题的角度发生变化，我渐渐抛开了偏见，我发现所谓的前人的话全都变成了现实。生命很短暂，我们永远不知道自己的生命何时会结束。在逆境中发现好的一面是我最宝贵的精神财富之一。”

13

宽　恕

我们最需要宽恕的常常是自己。

20 世纪 40 年代，准备从英国独立出来的印度却陷入了宗教战争。有一位印度教教徒的儿子在内乱中被穆斯林杀害了，在去探访圣雄甘地的时候，这位教徒问甘地："发生这样的事情，叫我如何去原谅穆斯林呢？他们杀害了我唯一的儿子，我心里充满的全是仇恨，我怎样才能变得再次平和起来呢？"

甘地建议这位可怜的男子去收养一位穆斯林的孤儿，并把他当作自己亲生的孩子来抚养。

我们需要去宽恕，因为宽恕会让我们的一生过得安稳。宽恕是一种治愈心伤和疼痛的良药，它能使我们与他人之间重新建立联系。有时候，我们是伤害之下的无辜受害者，而知道真相后，我们又必定会去伤害对方。问题的关键并不在于发生了伤害，而在于我们不能或不愿忘记伤害。这是一种叠加式的伤害，在我们的人生历程中不停累积着；

没人训练或指导我们如何去克服。宽恕的功课因此应运而生。

生活在宽恕还是记恨之中完全由我们选择。颇具讽刺意味的是，宽恕实际上是一种自私的行为，因为它的主动权掌握在受害者手中，伤人者无能为力。垂死之人经常会感受到生活中原本缺少的平静，因为越接近死亡，生命越短；宽恕同样如此。当我们不再宽恕时，过去的伤口、疼痛和沮丧就会驱之不散；我们将过去生命中的痛苦紧紧扼在手中，让愤恨肆意生长，于是就开始了自我奴役。

宽恕会让我们获益良多，这其中就包括被冒犯者永远夺去的完整感，以及做自己的自由感。我们理应给自己的人生和人际关系一个重新开始的机会，这种机会就是宽恕的魔力。一旦宽恕了他人，或自己，我们就能重获优雅姿态，正如断骨恢复以后会比以前更强壮一样，一旦宽恕治愈了我们的伤痛，我们的人际关系和生活就会变得更健康更牢固。

濒死使我们能够更深刻地理解什么才是真正的宽恕。“我从来都不会犯错，我只知道你的错误有多严重。但因为我足够伟大，因此我会原谅你的。”这不是濒死之人真正的想法，相反他们会觉得，“你犯错了，但谁不会犯错呢？我也犯过错，但我已经不再用你的错误去定义你，同样，我也不会这样去定义自己。”

宽恕之路，困难重重。其中最大的困难便是去宽恕那些曾经伤害过我们的人。

宽恕并非意味着对伤害大开绿灯，“来吧，随便伤害我！”这样的想法愚不可及。只有当我们意识到深陷记恨会让我们一直生活在痛苦之中时，我们才会出于自己的利益对伤害释怀。那些勉强去宽恕他人的人最终惩罚的却是自己，别人没有伤到分毫。

宽恕并不意味着允许别人对我们恣意妄为。宽恕实际上就是一种慈悲，宽恕他人意味着理解他人不在状态，宽容他人的错误。人都会犯错误，他们在伤害我们的时候，自己也会受伤。当宽恕在我们内心悄然发芽时，创伤也会随之痊愈。行为并不代表一切，行为无须被宽恕，我们只需要宽恕个体。

复仇的欲念是宽恕的另一大阻碍。复仇或许能带给我们短暂的畅快或满足感，但由此带来的人格卑下感却又让我们感到内疚，我们又会觉得这种行为是彻头彻尾的错误。那些伤害我们的人必须尝尝被伤害的滋味，于是我们猛烈地反攻——到头来我们只会伤得更深。让伤害不断传递下去无异于自我惩罚。

宽恕的确不容易做到。虽然很多时候我们有宽恕的冲动，但理智却让我们将它不断搁置，任由痛苦的涓流将我们的生活分割得支离破碎。也许只有意识到我们的生活不能被痛苦所主宰，我们的余生不能为伤痛所俘虏时，宽恕才会从我们的内心再次萌发。

无法宽恕他人会让我们的生活陷入僵局。宽恕如同一次奔向未知旅程的冒险，责怪他人总比修复一段关系来得容易。当我们将注意力集中在他人的错误上时，我们就会对自己的缺点熟视无睹。因此，学着宽恕不仅能重获生活的动力，而且还能让我们重新审视自己。受困于痛苦会让我们成为永恒的受害者；而宽恕则让我们超越痛苦，没有任何人或任何事会长久地伤害到我们。

宽恕没有捷径可走，宽恕会让人疼到五脏痉挛；而且，宽恕简直像拯救世界一样艰难。

从孩提时代开始，我们就在不停地伤害和被伤害，每当这种时候，我们总会脱口而出或听到别人说“对不起”。但等我们长大成人之后，这样的道歉却越来越少。即便有时候听到这样的道歉，我们也觉得不够。孩子们做错事时，我们会看到他们眼睛里的恐惧、困惑和无知，因而我们会试着原谅他们。但成年以后，我们却不再这样看待伤害我们的人，因为伤痛，他们的个性在我们的心目中开始变得肤浅。所以，若要宽恕他人，首先必须重视他人为完整的个体。谁都会犯错误；每个人都有虚弱、迟钝、混乱和痛苦的时候，因此偶尔的犯错、脆弱、孤独、贫乏和感情缺陷谁也避免不了。人生就是这样，每个人的灵魂之旅都有起伏不定的时候。

一旦重视他人为完整的个体，我们就开始意识到自己的愤怒之火已经燃及对方了，这时候我们必须将这股愤怒排解出去，无论是埋在枕头里大喊大叫，还是向朋友倾诉，只要能将它熄灭就可以了。通常愤怒之下还有沮丧、疼痛、怨恨和痛苦等种种感受，在愤怒消失以后，更为艰巨的任务就是去抚平这些情绪。事实上，宽恕与伤害我们的对方并无关联，无论他们做了什么，受牵连的只是他们的世界。将他们从脑海中摆脱，我们便能找到自由。我们不为他人而活，我们关心的是自己思想的平和，让自己赶紧幸福起来才是头等大事。

大卫

有时候，对方的行为会将我们伤得太深，以致让人无法萌生宽恕之念。但伊丽莎白·曼恩用她的亲身经历告诉了我们什么叫容忍、爱、愤怒以及宽恕。

让伊丽莎白觉得愤怒的事情太多了，简直数不胜数。当还是个少女的时候，她和家人就被纳粹赶进了奥斯威辛集中营。几天以后，她问一名看守家里其他的亲人被关在哪儿时，那名看守指着一个冒烟的大烟囱说："就在那里面。"

在盟军解放了集中营以后，失去了全部亲人的伊丽莎白被带到了丹麦，同行的还有不少集中营里的幸存者，大家都准备坐车去瑞典。其中还有一位护士，她带着两位妇女和一位男士，护士告诉伊丽莎白说，他们都是集中营里的幸存者。伊丽莎白告诉我，"我当时觉得肯定是骗人的，因为他们随身还带着包裹。从集中营里出来的人都没有行李，我们甚至都衣不蔽体。两位妇女和那个男人开始向我打听，问我们这些人是来自哪个集中营的，怎么到这里的。我将真实情况都告诉了他们。

"第二天早上，火车来了，我们搭车准备去瑞典。我和那两位妇女以及其他三个人被安排在了火车上的一个隔间里。火车上空间不大，那两个人的行李几乎都放不下，她们就坐在地板上，其他三个人坐在凳子上，我则爬到了顶上放行李的地方。等到夜深人静的时候，我被一阵声响吵醒了，我低头一看，原来是那两个女人打开了手提箱，里面放着很多照片，照片上的人都穿着纳粹制服。她们一边流眼泪，一边把照片丢出窗外。从集中营出来的人怎么会有这些照片呢？我终于肯定了自己之前的猜测。

“后来火车停站的时候，一些官员模样的人上了车，我们都被挨个盘查。当那两位妇女和那个男子被问到是哪个集中营来的时候，他们就把昨天听来的那些情况复述了一遍。当时，也许我该站出来说点什么，但我没有。战争结束已经让我充满了幸福感，我觉得每个灵魂，不管是高尚的，还是卑劣的，都从这场战争中学到了很多，惩罚他们不是我的职责，上帝将这一切都看在眼里呢！最后，我们终于抵达了瑞典，从此以后，我再也没有见过他们。

“其实，我的行为并不是要去赦免那些人的所作所为，真正的宽恕掌握在上天的手中，我无法决定他们的命运。面对那么多惨死的人，面对我那离世的年幼弟弟和不幸父母，我又怎能轻描淡写地问一句：‘没事了，干脆我们一笔勾销算了？’

“但同时我也明白，最重要的一点是永远不要在心里埋下复仇的种子。我还记得被关在集中营的时候，每天早上我们都会被赶到街上清扫街道，街边上有家面包店，饥肠辘辘的我们被那刚出炉的面包的香气勾得走不动路，那时我们就暗暗发誓说：‘等哪一天重归自由，我们一定会冲进那家面包店，把店里的面包吃个精光。’但我们从未动过要伤害面包师的念头。”

比起纳粹大屠杀的恐怖来，生活中的大多数不幸不过是微澜而已，尽管如此，我们还是会觉得有些事情不可原谅。如果这样的事情发生在你的生活之中，不如试着学学曼恩的做法：把主动权交给上帝。那时的曼恩年幼、孤独且脆弱，但她还是意识到，审判的权力掌握在上天手中。还有些时候，虽然我们很想去宽恕他人，但就是无法做到，其实向上天寻求帮助是一种很好的办法，试着对上天祈祷说：“吾父，我欲宽恕，但心不由己，请给予我帮助。”

* * *

伊丽莎白

尽管很多人都希望自己可以去实践宽恕，但这绝对不是一件轻松的工作。我们都是有爱有恨的世俗之人，永远保持一颗宽恕之心几乎不可能。带着某些无法宽恕的小事一直走到生命的最后一刻也并非什么大事，不是所有人都能如圣徒一般离世。

有段时间，我的病情很严重，需要完全依赖他人的照顾。

当时有几位护士助理负责来家里看护我，但渐渐的，我发现她们好像每天都要扔掉一堆的垃圾，成包成包地往外扔，我觉得自己好像没有制造出那么多的垃圾啊！

后来，我好奇地问她们这个问题，她们只是一味地敷衍我。等到可以下床四处走动的时候，我才发现原来她们每天都从我的家里偷东西。她们不光偷值钱的东西，连我保存的纪念品也都拿走了，甚至连油画、学历证书以及学位证书都不见了。幸亏我的心脏足够坚强，不然肯定会心脏病发作。我本来可以原谅她们的，但我不想这样做，不仅如此，我连宽恕的念头也不想动。很明显，我还没有准备好。

* * *

具有讽刺意味的是，很多时候真正需要宽恕的人是我们自己。因为做过和没做过的事情，我们需要被宽恕；因为犯错，我们需要被宽恕；因为毫无收获，我们也需要被宽恕。

有时，基于一些莫名的原因或并非实际的错误，我们也需要被原谅。尤其是当年少时，我们总觉得自己有责任挑起周围所有的重任——但这些责任通常超出我们所能承受的范围。

大卫

直到今天，伊丽莎白·曼恩每天还在不停地宽恕自己，年少的时候她曾被迫经历了那么多“如果怎样”式的悲惨经历，而其中的某一件事至今还让她后悔不已。

当时，他们一家人被赶进了奥斯威辛集中营。一进集中营，几个荷枪实弹的守卫就挡住了他们的去路，并向曼恩打听她弟弟的年龄。曼恩告诉他们说，弟弟已经十三岁了。当时她是相当骄傲地说出这个答案的，因为按照犹太人的传统，男孩子长到十三岁就可以接受成人礼，成为小男子汉了。

没过几天，年龄最小的孩子们和他们的母亲都被送进了毒气室，这其中就包括了曼恩的弟弟和母亲，但她却幸存了下来。这时候她才惊恐地发现，原来是自己的无知断送了弟弟的性命。

“如果我当时不说出弟弟的真实年龄，也许他就不会死了。我一直感觉是自己把他推向死亡的。”曼恩说。

曼恩直到今天还在怀念她的弟弟，她总是想弄清楚“如果怎样”式的答案。

对曼恩来说，她必须从自己错位的愧疚感中恢复过来，从内心真正地原谅自己。

和曼恩的经历相比，大多数人遇到的都是小困难，但即便如此，我们还是会拼命地去贬低自己。其实，宽恕自己的关键在于意识到自己不过是做了一些以为正确的事罢了。没有人会明知是错误还要去犯，明知会伤害他人还要去做。我们原本以为自己的所作所为都是正确的，但事到临头才知道自己所知有限，而这也正是我们需要原谅自己的真正原因。虽然有时候对他人的伤害是故意的，但究其原因是因为我们正处于痛苦之中，如果我们有更好的选择，我们肯定不会这样做。

生活中总是充满了各式各样的错误和彼此伤害，我们总是不停地在寻找自我。我们无法做到完美，而原谅自己的唯一途径便是承认这样的事实：每个人都会犯错，因为我们不是圣人。如果我们做了连自己都无法原谅的错事，不如将它丢给上帝去处理，试着向上苍祷告说："主啊，我没办法宽恕自己，你能原谅我，并助我找到自我宽恕的途径吗？"

记住，宽恕不是一件毕其功于一役的工作，它是一个持续的过程，它是我们的心灵维修计划。宽恕可以让我们保持平静，心中有爱。为了宽恕，我们唯一要做的工作便是尝试再度敞开自己的心扉。

14

幸　福

你的每一个抉择应该
让你觉得此生无悔。

伊丽莎白

四十五岁的特里已经病入膏肓了，他在一家临终关怀机构静静等待着那最后的日子来临。当我遇见他时，他乐观地告诉我说自己过得不错。他那开朗的性格激发了我强烈的好奇心，我问他现在的病情如何，特里相当爽快地回答了我的问题，没有一点隐瞒。他的积极反应让我大感惊讶，于是我又问他："死亡对你来说是如此明了，你到底是怎么生活下去的？虽然每个人都知道自己总有一天会离开人世，但你可是在倒数着时间过啊。"

特里回答说："我过得很好。实际上，我现在拥有的幸福可谓是前所未有。这听起来有些奇怪，但事实就是这样的。我这一生大部分的时间都是在不开心中度过，我一直就是这样走过来的，也认命了。但现在我的生命已经所剩无几，我觉得自己应该换一种态度去看待生活，我想真正活上一把；生亦快乐，死亦无憾。我也一直在思考，在我离开人世之前到底要干些什么，这样想着，渐渐就觉得自己比以前更幸福了。”

* * *

当你深刻意识到生命无法永远持续时，生命的真义就会发生改变，反过来亦是如此：经常会有症状缓解的病人告诉我说，当想到自己的日子已经所剩无几时，他们居然觉得更幸福。和特里一样，当真正意识到生命有限珍贵无价时，我们就会更虔诚地去拥抱幸福。

很多人认为幸福是一种对结果的自然反应，但实际上，幸福是一种思想状态，与周遭事物关联不大。大多数人都固执地相信，成功和灾难才是他们幸福和不幸福的根源所在。可是现实的反面教材实在太多了，那些赢了大奖或整容成功的人并不见得一定会获得持久的幸福。得意是暂时的，激动也会迅速消逝，不管幸不幸福，生活总会恢复本来的面目。

虽然我们都具备了能让自己幸福起来的前提因素，但可惜我们通常不知道该如何去利用这些优势。我们的思想，我们的内心和灵魂都完全为幸福所设定。每个人都能找到属于自己的幸福，但前提是必须找对地方。

幸福本该是我们的自然状态，但很多时候不幸福反倒让我们觉得更舒服。因为我们觉得幸福不仅是不自然的，而且也并非生活常态，于是我们总喜欢以极端的眼光看待人和事。也正是基于这样的原因，我们才要积极地看待幸福，主动地去拥抱幸福。

积极的第一步，就是坚信寻求自我幸福乃生活的根本目的，但现在，这样的观点让很多人不由自主地心生反感。他们认为这样的想法不仅过于利己，而且还对他人不闻不问，为什么我们会有这样奇异的价值观呢？

有些人会问，如果每个人都能平等地追求幸福，那为什么世界上还有那么多不幸的人？还有些人更是会直截了当地问：“凭什么我们要幸福呢？”

答案很简单，因为你是上天最珍贵的子民，尽享所有奇迹乃是你生命中应有之义。请记住，幸福会让你觉得自己可以向他人贡献更多，当你觉得自己足够满足时，便会停止向周围索取，你会将多出的部分拿出来贡献给周围需要的人，无论是时间或自我，还是金钱或幸福。

放眼现实，从那些真正拥有幸福的人身上，你几乎看不到自私自利的迹象。他们经常乐于奉献，无偿地为他人提供服务。相比那些不幸福的人，他们更善良，更充满爱心和同情心。不幸会招致自私的行为，而幸福则会扩展我们施舍的能力。

真正的幸福并不在于事情的最终结果，它也不依赖于周围环境。能决定幸福的唯一关键力量是你自己。

奥黛丽是在参加肌萎缩侧索硬化（ALS）病人慈善会上才意识到这一点的，身为募捐者的她本身就是一位身患肌萎缩侧索硬化的病人。

这已经是奥黛丽第二次参加这样的捐助活动了。第一次是在十年以前，当时她刚被诊断患上了这种疾病，前面还有好几年的生命之路；然而一晃十年过去了，她的病情已经恶化，奥黛丽觉得这是自己最后一次参加慈善会了。

“我想能再多参加几次。”奥黛丽说，“这十年间我学到了不少东西。我还记得自己第一次来慈善会的时候，感觉就像是被人利用了一样，那种被别人当作是病患活招牌的感觉实在是太糟糕了。那时候的我不但幼稚，而且自我。现在我变得更成熟也更理智了，我感觉自己可以做得更好。但是，就在慈善会开始前的几个星期，我的感觉又不对劲了，连我自己也不知道为什么会这样，我就是觉得自己没有办法比第一次做得更好些！

“我开始拷问自己。在痛苦煎熬之中我终于明白：虽然自己的确变得成熟了，但周围的环境并没有发生变化。期望不出问题是不现实的，问题并没有消失，但我现在能用不同方式处理这些问题。当我不再尝试去改变环境时，一切都会变得更加顺利，自己也会更加幸福。就这样，我圆满完成了慈善会的任务。”

幸福并不取决于发生了什么，幸福取决于我们如何去处理发生的事情。我们对自己思想状态的解释、感知和完善决定了我们的幸福感，而我们的感知又被角度所决定。通过经验教训和探寻事实，我们渐渐学会了平衡这一切。我们所看待的对象，无论是好人还是恶汉，顺境还是逆境，只要我们有所侧重，它们都会随着在我们内心生长。如果我们以负面态度看待过往，这种消极的种子便会落地生根，并成长为未来的参天大树。这也就是为什么我们会将过去视为自己的行囊——它会沉重到难以随身携带，它会慢慢压垮我们，减慢我们通往幸福的速度。

幸福本是自然状态，但我们却忘记了该如何才能幸福起来，其主要原因在于我们的健忘，对事情的本来面目没有概念。

“试着高兴起来”，这是我们每个人都听到过的建议，但是我们是否想过，刻意努力会对感觉造成妨碍。我们之所以会慢慢幸福起来，并不是因为学习了一些制造幸福的技巧或干了什么事情。幸福来自体验幸福的时刻——学习让这种体验越来越多。某一天，你也许会意识到自己已经拥有了五分钟的幸福感，但事实上，在意识到这些以前，你可能已经享受了一个小时的幸福，甚至是一个晚上，或之前的一整天。

而与他人比较可能是通往不幸的最短路径了。无论我们是谁，拥有什么或能力多大，一旦开始比较，这些优势就会通通成为劣势。最富有的人不一定有最好看的外貌；外貌好看的人不一定会有最强健的身体；而身体强健并不意味着家庭一定和睦……有时随便比较一下，我们便会悲惨到无以复加。有时候甚至不需要和他人比较，光是将自己的现在与过去或将来相比较便会产生摧毁性的效果。幸福就是以积极的眼光看待自己，不盲目和他人攀比，过去的就让它过去，未来的则坦然去面对。

“为什么倒霉的总是我？”之所以会出现这样的念头，是因为我们将自己视为环境的牺牲品，这样的想法会让我们陷入不幸之中无法自拔，似乎这一切都是有意针对我们的。失而复得，雨过天晴，并没有谁要故意和我们过不去，理解了这一点将会有助于我们抛弃受害者的想法。记住，你的情绪和现实是由你的思想决定的，而不是颠倒过来。不要试图和整个世界对立起来。

我们生活在一个“届时的世界”。在这个世界中，我们不停地向自己灌输一种理念：一旦某些事情发生，比如，开始新工作，找到好伴侣，或孩子长大成人，届时我们就会幸福起来。但是当这些事情的发生并没有使我们真正幸福起来时，我们又会陷入巨大的失望之中。于是，我们又开始选择一组新式的“届时”理念：等我积累了工作资历，等我们生了第一个孩子，等孩子考上了好大学，我们肯定会幸福的。这种届时式的想法并不会取悦我们很久，我们需要超越这种低级的层面，因为真正的幸福与这些并无关联。

我们通常所看到的只是事物的表象而已，因为我们过于聚焦想象，经常以想象来代替事实真相，将这种臆想投射到环境之中，我们就会否定真相，投入幻象的怀抱。看清真相的关键在于确信不管发生了什么事，宇宙万物自有其固有的运行之道。虽然人事可议，但天命不移。世界的自然运转与我们生活的一般事件无关，顺从它我们就会不自觉地奔向幸福，且方向一定是正确的。没有什么问题或形势是上天处理不了的，我们的事在上天看来都是小事。

生命中充满了各式各样的悖论，这些悖论都需要我们去一一化解。迈克的父亲霍华德已经六十九岁了，一直饱受结肠癌的折磨，连医生都不知道他还能活多久。迈克会经常去探望父亲，尽管他是一位颇有爱心的男人，但和父亲却处得不太融洽。而且在过去的五年中，迈克对自己的继母一直存有成见。

一天，迈克下班后又和往常一样去探望父亲，却意外发现父亲不在家，只看到了自己的伯伯沃尔特。“你终于来了，”沃尔特说，“你父亲很快就会从医生那里回来。”

迈克焦躁不安地坐在客厅里，不停地看表，五分钟，十分钟，二十分钟，时间一分一秒地在流逝。最后，他打电话给一位朋友说：“我再等十分钟，如果我父亲还不回来的话，我留个便条就走。我觉得自己已经尽到义务了，我来看过他了。他不在这里，我也没办法。”

正在厨房里吃饭的伯伯沃尔特不经意听到了迈克和朋友的通话，他觉得自己有义务送给这位不耐烦的侄子一些忠告。

“我的父亲，也就是你的祖父，在我三十岁的时候就去世了。其实，你祖父实际上是个混蛋，在他死后的这四十多年中，我对他的感情一直很复杂。这么多年过去了，回头看看，我才觉得生命真是充满了矛盾：生命虽然漫长，但时间又很短。父亲死后，我才渐渐意识到和他在一起的时间实在是太短暂了。

“你对你父亲的感觉我深有体会。他是我弟弟，我知道他人不太好相处，你继母也是。你能不能解开心结我不知道，但是我觉得你应该以我为戒。你们还有时间来消除不快，你父亲虽然患了癌症，但还依然健在，所以请珍惜这些在一起的时光吧！”

迈克听了叔叔这一席话之后，终于醒悟了过来。也许以后的五十年，他对父亲的愤怒还一直延续着，但他们在一起的时光肯定没那么长了。在意识到这些以后，迈克决定多花点时间去陪伴父亲——虽然愤怒未必会马上消弭，但时间还是要好好利用才是。

当问题被解决或生活中令人不适的阶段已经远去时，我们觉得自己就会幸福起来，因为我们需要生活在平衡之中。但实际上我们所认为的平衡和真正的平衡相去甚远，甚至可以说已经出离平衡了。善与恶，光明与黑暗，白天与黑夜，黎明与黄昏，完美与不完美，就是相辅相成，彼此相依的，每个人都生活在对立矛盾之中。

人就是矛盾的综合体。努力做到更好，但也可以试着做回平常人；努力接受现实，但也要活在灵性之中；遭遇痛苦，但也可以从痛苦中升华涅槃；经历失去，但可以保持爱的能力；视生命为理所当然，但也知道它不会永恒。我们生活的这个世界，多和少，稀缺和丰富，大和小，都是并存的。如果我们能理解这种对立统一的局面，我们就会更幸福。我们的生命就是平衡的一部分，只是很多人没有意识到而已。

若要追求这种平衡，我们首先必须懂得，诸如升职、结婚、退休和病愈这些所谓的重要时刻并不是生命的全部，其中微不足道的寻常细节也是生命的一部分。而我们所要学习的很多人生哲理正是蕴含在这些生命的寻常细节中。

伊丽莎白

我生命中的大部分时间只是在活着而已，如果将来还是这样的话，我宁愿马上死去。正如我前面所提到的那样，我经常感觉自己就像是一架被堵在高速公路上的飞机，既不能退回机库，又不能起飞。如果我有得选择的话，我想活下去，但不是这样的活法。我想重新站起来，能在花园里劳作——这种活法是能随心所欲做自己喜欢事情的活法。

现在我只是活着而已。但即便是在这样的活法里，也有一些幸福的小时刻。孩子们来看我，我就会感到幸福，特别是和我的小外孙女西尔维娅玩耍时，这种幸福感尤为强烈；

还有照顾我的安娜也让我觉得很贴心，有她在，我总是能开心得笑起来。正是这些微不足道的小时刻支撑着我活下去。

* * *

大卫

20 世纪 50 年代乔纳斯·索尔克发现了小儿麻痹症疫苗，当时有人问他是否愿意为自己的疫苗申请专利，因为这样伟大的发现申请专利以后足以让他成为地球上最富有的人，但是索尔克却回答说：“阳光都无须专利，我的发明就更不需要了。”

大多数人在听完这则故事后都会想：“哦，多么巨大的牺牲，这真是一个伟大的时刻，这样的时刻就是我们一直梦寐以求的。如果能拥有这样的机会去展现自己的高贵和睿智，才算是真正幸福地活了一回。”

很多人都在期待着这样伟大的时刻，去体验一把“真正”的生活。实际上，80 年代的时候我曾参加过索尔克博士主持的座谈会，虽然当时我们只是在讨论一些小问题，但我目睹了他是如何将爱和关怀注入生活中最微不足道的小地方。正是在那些生命的点滴间，索尔克发现了伟大的可能；在平凡中，他又发现了不平凡。

* * *

人格之中的黑暗面或阴影面是我们一直力图克服的巨大矛盾。我们总是试着摆脱它们，但完全撇除这些“黑暗面”不仅不现实，也不真实。我们需要在这些对立势力中寻找到平衡点，虽然做起来很困难，但这是生命的一部分。就像黑夜连接着白天一样，如果我们把这种经历视为日夜轮回般的自然，我们就会寻找到更多的满足感。生活中不乏风暴，但风暴总会过去。风暴或黑夜不会一直持续，而生活中的这些不如意也是反复交替，来来去去。我们教授他人的知识通常也是我们自己需要学习的。

我们生活在这些矛盾之中。虽然说真正的幸福并不依赖于外在的环境，但这样的真理也需要用现实来平衡。每个人都会受到周遭事物的影响，让那些经历悲剧的人不要太在意不幸是不现实的做法，这样不仅不会起到鼓励作用，而且还会造成负面影响。但是，遭遇低潮有时候的确能发现自己的优点，对我们来说，克服不幸才能找到幸福。黑夜之后总有黎明，死亡之中有时候也能发现生命。

寻求幸福需要学习和忘却，我们原先学会的一切错误要被完全扭转过来，消极的思维方式需要被舍弃。幸福并非是在特定愉快的时刻才展现出来，幸福是要时时刻刻被体验的，尤其是当周围环境不那么宜人时。因此，当下一次有人让你不爽时，不要理会，试着让自己愉悦起来。不要对抗，尝试从逆境中找到有价值的信息，只是不要让它干扰到你的心情。

检查一下自己的固有模式，问自己到底什么样的行为会给自己带来幸福，什么样的行为又会带来绝望，然后再尝试从内到外地改变一下。试着问自己一些问题：嫉妒感会给你带来快乐吗？朝别人大声吼叫或指手画脚会让你感觉非常良好吗？当你心存感激时会有什么样的感觉？而当你对他人发出善意的信号时，你又会有怎样的感受？

正如陷入交通堵塞中一样，在大声咒骂以前，记着先看看四周，是不是所有人都处于同样的境地？多考虑考虑他人的感受，善待他人。在心中默默地关怀或同情别人会让你感觉更加幸福。

大卫

有一次，我去埃及旅游，本来约好了和朋友见面的，结果他却迟到了，要我再等一个小时。当时我就坐在一座宣称可以包治百病的古庙之外，心里恼火极了。百无聊赖之中，我开始观察那些前来参观庙宇的游客。神庙外面有一块标识牌，上面对这座庙宇和它神奇的治愈力量做了介绍，看着游客们阅读标识牌时虔诚的表情，我在心里暗暗揣测这些人到底是想治愈什么顽疾。突然，我心里冒出了一个主意，与其坐在这里发呆，还不如在内心默默帮助他们一起祈福呢！就这样，在我的“帮助”之下，他们完成了自己的各种各样的心愿。最后，我觉得也该为自己许个愿，结果等我许完愿，朋友就现身了。时间过得真快，在这一个小时的时间里，我被惊奇感和幸福感彻底打动了。

* * *

幸福的形态多种多样，不同的生活历练会带给我们不同的幸福感受。“生活的道理通常都是异常简洁的”，这话是一位名叫帕特丽夏的八十多岁老人说的。她对自己的生活非常满足，似乎她本人就是幸福的缩影。一天，有人问这位老人：“您看起来很幸福，但这就是您的真实生活吗？”

帕特丽夏笑着说：“我从前就过得不错。很久以前我就学会选择能让自己持久快乐的事，因为它意味着简单，生活同样如此。生活是复杂多变的，在做选择以前，我会好好掂量后果是好是坏。有很多次当发觉自己并不幸福时，我就意识到自己肯定是做出了错误的选择。选择那些让你觉得生活美好同时也让他人感觉快乐的事物，它们不但能让你引以为傲，而且还会永恒持久。通常那表示你选择了爱、生命与幸福，就是这么简单。

最后一课

用心去触摸生命

不久以前，我们曾和一位老朋友一起聊天。让我们感到意外的是，这位不但事业成功而且人又漂亮的四十三岁内科医师却抱怨说自己不开心。

她向我们诉苦说，其实她并不喜欢自己的工作。这一点着实让我们感到惊讶，因为在外人的眼中，她是一位成功的内科医师，同时还是一所著名大学的医学教授——并且她还想获得进一步的发展。“你已经拥有了一份了不起的职业，”在聊天时我们劝慰她，“还有什么不满意的吗？”

“职业并没有让我感到幸福。”她告诉我们。而且她还觉得自己对社会的贡献不够，听到这里我们反问她说，“你每个周五不都是在免费诊所义诊吗？你不还是在尽可能地进行免费演讲和教学活动吗？还有慈善活动你也做了很多，不是吗？”

“你们说的都没错，”她回答，“但我不幸福的原因不光是因为这些。”

她又跟我们说起接受外科整形的事，听到这些我们都有些出乎意料。“这种手术很简单，”她说，“下巴修一下，胸部再塞进点胶原。”

做个整容手术并没有什么大不了的，但坐在我们面前的这位女子从前就天生丽质，虽然后来年岁渐长，但整个脸庞依然是连一道皱纹都不见。

谈话的最后，她说她想听听我们的看法。我们彼此对望了一眼，大概心里都在暗忖：到底是谁向我们的朋友灌输了这些谬论？这位女士虽然婚姻幸福，为人聪慧，事业成功，美丽大方，身家不菲且广受敬重，但却陷入了“富裕的窘境”。她感觉自己事业没有成就感，对社会贡献不多，且对自己的外表感到自卑。也许她更需要关注的是自己的内在，而非那些外在的东西。如果连已有的成功都感受不到，那她如何能感受更多呢？如果对自己的美丽都无法欣赏，难道做完整形手术以后就会感觉焕然一新？如果对社会所做的那些贡献没有让她感觉良好，那花费再多的时间和金钱对她来说还有什么意义呢？关注这些外在的东西并没有什么用处，只有认识到自己所拥有和付出的已经足够完美，上面这些问题才会迎刃而解。

和这位不幸福的女士一样，当下的很多人已经拥有了维持生命基本成型的一切。当然我们不是说每个人都能像她那样成功和美丽，但她是一个很好的个案，因为某些问题在她身上表现得异常明显。很多人在心想事成理应开颜的时候却依然感受不到幸福，为什么呢？最主要的原因在于，我们对取得的成就没有幸福感，对我们的外在表现也不满意，难道我们真像感觉中的那般糟糕吗？答案是绝对否定的，我们正是缺少自信的内在体验。每个人都有足够的条件营造丰富快乐有意义的人生，只是有些人没有认清自己的天赋。

在咨询过程中，我们经常会看到有些人不自觉地贬低或否认自身的优秀之处。这些勇于承担义务、奉献社会并充满爱心的人有些是慈善协会的主席，有些是牧师，虽然职业各不相同，但他们似乎都未觉察到自己给世界带来的感动，而且对自己的善良以及真正的自我缺乏认识。

我们通常会和这些闷闷不乐的咨询者分享这样一则故事：从前，有一个心地非常纯洁的人，他经常做好事。这个好人也会犯错误，但由于他做了很多好事，再加上他会吸取教训，因此这些错误都变得无关紧要了。渐渐的，这个好人开始陶醉在自我之中，眼里看到的只有自己做过的好事，对错误都视而不见。

如果犯错误还会改正，那倒没什么问题，但如果是因为做好事而自高自大那便无药可救了。于是上天将好人陶醉于自我的本能收了回去，并许诺等到他临终之时再归还给他。于是，好人依旧在不停地做着善事，周围的人都因此而感激他，但他却意识不到自己做了好事，也不理解自己的行为到底会给别人带来多少好处。最后，在他临终的时候，上帝信守了诺言，将他做过的善事一件件地展示在他面前。

和好人一样，也许只有到生命行将结束之时，我们才会发现自己的可爱之处，别人才会发现即将失去的是多么难得的好人。

从开始到结束，生命便如同一所学校，充满了个性化的测试和挑战。只有学完了所有可学的课程，教授完所有可教的知识，我们才能找到心灵的归宿。

这种生命的学习课程有时候相当令人费解。例如，我们很难理解为什么一位在两岁时就不幸夭折的小孩能教会父母同情和仁爱。不仅是被教授的课程难于被理解，就连需要掌握的课程我们亦一无所知。我们注定不可能完美地掌握这些知识，而且有些难关是我们在有生之年难以攻克的，但有时候，这种无能为力的体验何尝不是一次学习的过程呢。“唉，太可怜了，他到死都没有学会如何去宽恕。”对别人发出这样的感慨并不是什么难事，但也许他学到了本该学习的人生哲理，或者在上天赐予他宽恕的学习机会时，他选择拒绝呢？谁知道这些背后的故事呢？也许他本就不该去学习所谓的宽恕；也许通过旁观他的人生，你学会宽恕的机会则在不知不觉中来临。学习和教授，总是一个互动的过程。

生活之中总会有无尽的风暴在考验着你，而你的生活也可能宛如一场灾难，面对这些痛苦，你可能会问，为什么自己要经受这么多的考验？而上天为什么会如此无情？事实上，正在遭受苦难的你我就如同滚筒中的一块石头，来回颠簸，被摔得鼻青脸肿，但是在这种摸爬滚打中，我们被抛得更加光亮，也比以前更珍贵了。现在，你要迎接的是更重要的课程，更猛烈的挑战，以及更有质感的生命。所有的噩梦都将变成对生命的祈福。不经历风雨，怎能见彩虹。很多病人曾经告诉我们说，如果通过抹去现在的记忆能让他们回到当初健康时的状态，他们将会拒绝。苦难的课程是一笔不可估量的财富，这大概便是他们拒绝如此安排的原因吧。

失去让我们学会珍惜；爱让我们懂得自我；关系让我们认识自己、逐渐成熟；恐惧、愤怒、罪恶、耐心甚至包括时间都是我们最好的老师。即使生命中最黑暗的时刻，我们依然在成长。彻底看透自己是生命中的头等大事，对死亡的巨大恐惧会随着成长渐渐消失于无形。正如米开朗琪罗所指出的那样：“生之灿烂，死亦辉煌，生与死都来自生命主宰者的同一只手。”换句话说，如果这只手给予了我们生命、幸福和爱这些美好的体验，那么，这只手也不会让死亡成为一种令人恐惧的体验。结束只不过是倒退的开始。

还记得在本书的开始，米开朗琪罗告诉我们的那些话吗？他说他所创作的美丽雕塑早已存在于石头之中了，他只是简单移除多余的部分，让珍贵的精华暴露出来。可以说，当经历这些生命的课程时，你也在做着和米开朗琪罗一样的工作：剔去多余的部分，让你内在的精彩显露出来。

上天已经赐予我们一些最伟大的天赋，但我们知道还有一些是他未赐予我们的。在生命快走到尽头之时回顾这些经历，我们会更从容地面对死亡，也倍加珍惜活着的当下。作为作者，就在撰写这本书的同时，我们也在不断地学习这些经验。没有人能做到将所有这些生命的课程尽收囊中，我们也做不到，在教授这些知识的同时，我们还在不断学习。

在实际面对死亡之前，人们很难真正看透它，而死亡的确事关生命的真谛。由于无法提前感受死亡，于是我们让那些濒死的人来做我们的老师，这些经历过生死考验的人是我

们需要依赖的指导者。

从这些老师身上，我们所学到的最不可思议的一课便是：诊断出绝症并不意味着生命的终结——相反，那只是生命真正的开始。只有看透死亡的本质，你才能看透生命的本质，要活在当下，要让生活中的每一天都达到最充盈的地步。

还记得上次看海是什么时候吗？上一次在清晨做深呼吸呢？上一次轻触小宝贝的头发？全身心地享受一顿美食？赤脚走在草地上？抬头看蔚蓝的天空？这些经历也许只有上一次，再也没有了下一次。当听到那些生命之烛行将熄灭的人祈求说，他们想再看一次星空，或者再远眺一次海洋时，我们难道不会因此而有所启发吗？想想看，有多少人住得离海并不遥远，却从来没有想去看一看海；所有人都住在天空之下，可有多少人抬头凝视过星光？我们真的触摸和品尝过生活吗？我们真的能在寻常中感受和发现不同寻常吗？

有句谚语说，每出生一个孩子，上天便决定将世界多延续一会儿。同样的，每醒来一天，便意味着你的生命又可以多经历一天。但是，这样的一天你是否珍惜过？

记住，这样的生命只有一次，你也只能经历一次；父母、孩子、家庭以至于生活，你都只能拥有一次；朋友，你也只能拥有一次；所有大地上的这些奇观，你都只能经历一次。

海洋，天空，繁星，或者你所爱的人，不要等到生命即将枯竭之时才赶去看最后一眼。还等什么呢，不如现在就出发吧！